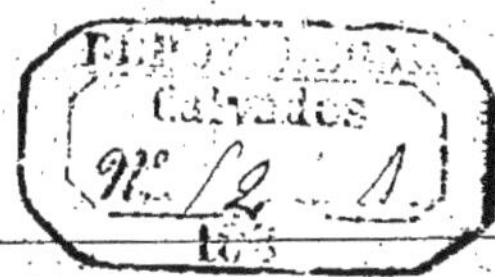

NOTICE

SUR LA PAROISSE

DE

BÉNY-SUR-MER

PAR

F.-E. LEHERPEUR-DUPRAY

CURÉ DE CETTE PAROISSE

CAEN

IMPRIMERIE ET STÉRÉOTYPIE DE V⁰ A. DOMIN

RUE DE LA MONNAIE

—

1886

NOTICE

SUR

LA PAROISSE DE BÉNY-SUR-MER

NOTICE

SUR LA PAROISSE

DE

BÉNY-SUR-MER

PAR

F. E. LEHERPEUR-DUPRAY

CURÉ DE CETTE PAROISSE

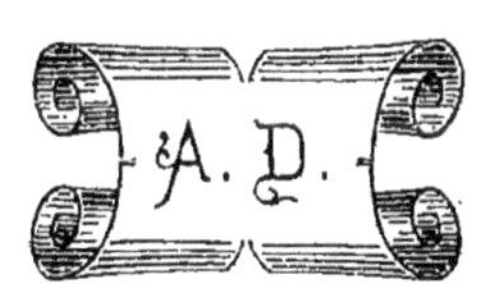

CAEN

IMPRIMERIE ET STÉRÉOTYPIE DE Vᶜ A. DOMIN

RUE DE LA MONNAIE

—

1886

LETTRE DE M. LE CURÉ DE BÉNY-SUR-MER

A S. G. Monseigneur HUGONIN

ÉVÊQUE DE BAYEUX ET LISIEUX

—

Bény-sur-Mer, le 26 mars 1886.

Monseigneur,

J'ai composé une Notice sur ma paroisse, que je me propose de publier. Avant de la livrer à l'impression, je viens la mettre sous les yeux de Votre Grandeur, en vous priant de lui donner, si vous l'en jugez digne, votre approbation, à laquelle j'attache le plus grand prix.

Daignez, Monseigneur, agréer l'hommage des sentiments les plus respectueux avec lesquels j'ai l'honneur d'être,

de Votre Grandeur,

le très-humble et très-obéissant serviteur.

F.-E. LEHERPEUR-DUPRAY,
Curé de Bény-sur-Mer.

———

LETTRE DE S. G. Monseigneur HUGONIN

ÉVÊQUE DE BAYEUX ET LISIEUX

A M. le CURÉ de Bény-sur-Mer

—

Bayeux, le 29 mars 1886.

Cher Monsieur le Curé,

J'ai parcouru votre manuscrit, qui m'a paru renfermer des renseignements précieux et très-intéressants. Il serait à souhaiter que vous eussiez un grand nombre d'imitateurs parmi les Curés du diocèse.

Tout à vous en N.-S.

† FLAVIEN.

Avant-Propos

Les empires et les grandes villes ont leur histoire.
Pourquoi le plus humble village n'aurait-il pas aussi
la sienne ? Je me suis fait cette question avant d'entreprendre cette Notice sur Bény, et là-dessus, je me suis
mis à l'œuvre.

J'ai compulsé les anciens registres de la paroisse, et j'en
ai extrait tout ce qui pouvait offrir quelque intérêt. Ces
registres, malheureusement, ne remontent pas au-delà du
14 janvier 1674.

Ayant passé treize ans dans la société de mon vénérable
prédécesseur, M. l'abbé Gilles, qui avait résidé à Bény,
dès avant la Révolution, et m'étant trouvé en contact
pendant un peu plus de temps encore avec Charles Thomas,
custos de 1788 à 1848, qui avait beaucoup de bon sens
et de mémoire, j'ai été à même de connaître bien des
choses que d'autres ont peut-être entendues comme moi ;
mais beaucoup d'entre eux ne sont plus. Tous les jours,
la mort fait des vides autour de nous. Les vieillards disparaissent les uns après les autres, et les souvenirs du
temps passé disparaissent avec eux. J'ai recueilli ces souvenirs qui étaient exposés à se perdre, et je les ai fixés.

J'ai mis à contribution Moréri, l'abbé De La Rue,
M. de Caumont, l'abbé Laffetay, etc., et leur ai emprunté
ce qui avait trait à mon sujet.

Enfin, j'ai fait le récit de ce qui est arrivé de plus remarquable à Bény, depuis cinquante-un ans que j'y suis. *Quæque ipse... vidi.*

Je n'ai pas à raconter des événements qui aient fait beaucoup de bruit dans le monde ; mais ce que je dis sera nouveau pour la plupart de ceux qui me liront. Cette nouveauté piquera leur curiosité, donnera de l'attrait à mon petit livre, et les disposera à l'indulgence envers l'auteur.

BÉNY-SUR-MER

CHAPITRE Ier

SOMMAIRE. — Situation de Bény. — Nom de Bény dans le latin du moyen-âge. — Etymologie. — Quand commence-t-il à s'appeler Bény-sur-Mer ? — Nom des habitants de Bény. — Hauteur de Bény au-dessus du niveau de la mer. — Salubrité. — Longévité. — Diminution de la population. — Rareté de l'eau. — Puits publics. — La Mue. — Température. — Camp romain. — Autre camp romain à Banville. — Le Montvic. — Le Valin valas.

Bény-sur-Mer est situé à environ 14 kil. N.-N.-O. de Caen, à 5 de la mer et à 5 également de la chapelle de La Délivrande. Dans l'ancienne division ecclésiastique, il appartenait au doyenné de Douvres, et était l'une des 611 paroisses du diocèse de Bayeux. Maintenant, c'est une succursale du canton de Creully. Dans l'ancienne circonscription civile, Bény était une des 1,736 paroisses de la généralité de Caen. Il était compris dans le ressort de l'élection de Caen et de la sergenterie de Bernières. Une loi, antérieure au 11 germinal an v, ayant divisé le département du Calvados en 72 cantons,

Bény fut fait chef-lieu de canton ; mais il ne jouit pas longtemps de cette prérogative, car les consuls, par un arrêté du 6 brumaire an x, réduisirent à 37 le nombre des cantons, en sorte que celui de Bény fut supprimé, et la commune attribuée à celui de Creully.

Les communes limitrophes de Bény sont : au midi, Fontaine-Henry et Basly ; au levant, Douvres et Tailleville ; au nord, Bernières et Courseulles ; au couchant, Reviers et Moulineaux, petite commune réunie à Fontaine-Henry par une ordonnance royale du 27 septembre 1827.

Dans le latin du moyen-âge, Bény est appelé *Beneium ;* c'est ce que l'on voit dans le pouillé ou livre pelut, qui est un état des bénéfices ecclésiastiques du diocèse de Bayeux dressé vers l'an 1356, où on lit :*Major portio de Beneio.*

D'où Bény tire-t-il son nom ? Ce nom lui vient-il du participe passé du verbe *bénir ?* L'a-t-on appelé ainsi comme étant un lieu bénit, un lieu agréable, sain, ayant la rosée du ciel et la graisse de la terre ? La ressemblance du mot et la situation de Bény portent naturellement à en juger ainsi. Mais il est bien probable que ce n'est pas là la véritable étymologie. Bény est sur une hauteur. Or, dans la langue celtique, *Ben* signifie tête, sommet, lieu élevé, et est, dit Malte-Brun, le préfixe de plusieurs noms de montagnes. Nous citerons, entr'autres,

Ben-Nevis, montagne d'Ecosse, qui est la plus haute de toutes celles de la Grande-Bretagne. Il se peut donc très-bien faire que de *Ben* on ait fait Bény. Ce qui me porterait à croire que c'est là la vraie étymologie, c'est que Bény-Bocage est également situé sur un plateau élevé. Dans toute la Normandie, il n'y a que ces deux communes qui portent ce même nom de Bény ; elles sont toutes deux situées sur une éminence ; n'est-il pas naturel de penser que leur nom vient d'un mot qui signifie *sommet, éminence?*

Autrefois, Bény s'appelait simplement Bény. C'est dans un acte du 23 nivôse an VI qu'on le voit, pour la première fois, dans les registres, nommé Bény-sur-Mer.

Les habitants de Bény sont appelés, par les habitants des communes voisines : Les Bénicats. Ce nom, peu harmonieux, pourrait être remplacé par un autre moins barbare. De Bény on pourrait faire Béniciens, comme de Venise on a fait Vénitiens, et de Paris Parisiens.

Bény est situé à environ 61 mètres au-dessus du niveau moyen de la mer. L'air y est vif, mais très-pur et très-salubre. Cependant, les habitants n'ont pas toujours été à l'abri des épidémies. Sur la tombe d'un nommé Osmont, dont nous rapporterons plus tard l'épitaphe, nous voyons qu'il mourut, le 16 novembre 1625, dans une épidémie. En 1738, il y eut une épidémie sur les enfants ; car, sur 17 personnes qui moururent cette année-là, nous trouvons 15 enfants au-dessous de dix ans. Il y a eu, de nos jours, quelques cas de fièvre typhoïde, mais le germe de cette maladie était venu d'ailleurs. En 1871, après la guerre, la petite vérole, qui fit à cette époque tant de ravages dans d'autres contrées, nous fut apportée, au mois de juillet, par un de nos paroissiens, qui fut la première victime de son imprudence. Quatre autres personnes succombèrent. Mais le choléra n'a paru à Bény à aucune époque, pas même en 1832, année où il sévit si fort à La Délivrande.

Généralement, on y vit longtemps. Dans l'espace de cinquante ans, du 1er janvier 1835 au 31 décembre 1884, sur 608 personnes qui sont mortes, 8 ont dépassé quatre-vingt-dix ans, 89 quatre-vingts ans et 134 soixante-dix ans. En 1711, une personne, nommée Catherine Cappe, mourut âgée de plus de cent ans, et Michel Rocher en avait plus de cent cinq lorsqu'il mourut, en 1716.

La population de Bény, qui, d'après l'*Annuaire du Calvados*, était, en 1829, de 660 habitants, n'était plus, en 1884, que de 454. Dans l'espace de cinquante-six ans, elle a donc diminué de 206, c'est-à-dire de 3 6/7mes ou de près de 4 habitants par an. Mais cette grande diminution doit être imputée en partie aux migrations. Car les décès n'excèdent que de 123 sur les naissances ; ce qui ne fait une diminution que de 2 1/5me par an. Si

donc il y avait eu compensation entre les immigra-
tions et les émigrations, la population n'aurait diminué que de 123, et Bény aurait encore 537
habitants.

Dans les années de sécheresse, les habitants de
Bény sont exposés à manquer d'eau. Les puits ne
sont pas très-nombreux dans le village. Il y en a
qui ont jusqu'à 80 ou 100 pieds de profondeur, et
d'autres n'en ont que 30 ou 35. Quelques-uns sont
mauvais à cause des infiltrations d'eaux corrom-
pues qui s'y produisent.

On avait, en 1883, dénoncé à la Préfecture le
puits du cimetière comme donnant une eau mal-
saine. Une commission, composée de trois membres, est venue le visiter. Ils en ont examiné l'eau,
l'ont dégustée, analysée, et l'ont reconnue bonne.
En cela ils ont été d'accord avec un malade, qui, il
y a 25 ou 30 ans, ne voulait boire que de cette eau.
Quand il avait soif et qu'on lui en présentait prove-
nant d'un autre puits, il en faisait bien la distinction, et, même au milieu de la nuit, on était obligé,
pour le contenter, d'en aller quérir au puits du
cimetière. Ce puits, le puits Saint-Vigor, et celui
de Bracqueville, qu'on appelle le puits à Misère,
parce qu'il appartenait autrefois, dit-on, à un
homme qui était bien pauvre, sont les seuls puits
publics. Quand l'eau devient rare, les plus diligents
viennent de grand matin faire leur provision ; ceux
qui arrivent plus tard sont exposés à s'en retourner

avec leurs seaux vides. Dans quatre maisons on a construit des citernes; mais à quoi servent les citernes, quand il ne pleut pas? Il arrive souvent dans l'été, qu'on est obligé d'aller chercher de l'eau à la rivière, au moins pour abreuver les animaux.

Cette rivière, qui est le cours d'eau le plus voisin de Bény, en est distante d'environ un kilomètre et demi. Elle s'appelle la Mue. Elle prend sa source à Cheux, dans le canton de Tilly, et va se jeter dans la Seulles, au-dessous de Reviers.

Depuis plus de trente ans, on n'a pas eu, à Bény, plus de 11 degrés de froid au thermomètre centigrade, et encore le thermomètre n'a-t-il descendu aussi bas que deux fois, dans la nuit du 19 au 20 décembre 1859, et dans celle du 21 au 22 janvier 1881. Dans l'été, il est rare que le thermomètre, à l'ombre et au nord, donne 30 degrés.

C'est en partie sur le territoire de Bény, de Bernières et de Tailleville, que se trouve le camp romain, indiqué sur la grande carte de France. Il y a, à l'est de Bény, un chemin creux en zigzag, qu'on appelle les Rues de Bernières. Les uns disent que c'étaient les lignes de circonvallation de ce camp; les autres un chemin couvert pour cacher à l'ennemi la marche des troupes. M. l'abbé De La Rue, dans un Mémoire qu'il a publié sur l'invasion des Saxons et leurs colonies dans le diocèse de Bayeux, conjecture que ce camp, qu'on met au temps de Jules César, ne remonterait qu'à Cons-

tantin. Il regarde les Saxons comme les premiers
barbares qui descendirent sur nos côtes. Il fixe
leur première invasion à l'année 286 de l'ère vul-
gaire, et il pense que Constantin établit ce camp
pour garantir nos frontières de leurs incursions. La
position indique le dessein de résister à des forces
maritimes. L'embouchure de la Seulles n'était pas,
comme aujourd'hui, entre Graye et Courseulles,
mais à Bernières, où elle exista jusqu'en 1610,
époque à laquelle elle fut comblée par une tempête
qui, en même temps, forma celle qui existe actuellement.

Ce camp était donc destiné à défendre l'embouchure de la Seulles. C'est probablement pour la
même fin qu'il y a eu un autre camp romain, également marqué sur la carte de France, établi entre
Banville et la rive gauche de cette même rivière.
M. De La Rue ne fait pas mention de celui-ci.

Ce qui semble favoriser la conjecture du savant
abbé, c'est qu'on a trouvé dans le pays des médailles
de l'époque de Constantin et des temps qui pré-
cèdent de peu cette époque. Ainsi, en défrichant le
coteau qui longe la Mue depuis Moulineaux jusqu'au territoire de Reviers, on a trouvé, il y a 45 ou
50 ans, plusieurs Constantin et une Julia Mammæa.
Julia Mammæa était la mère d'Alexandre Sévère,
et fut massacrée avec son fils en 235. Il y a 20 ans,
on a trouvé à La Délivrande un millier de médailles de cuivre. Elles portent l'effigie de 13 empe-

reurs ou impératrices : Philippe l'Arabe, Volusien, Valérien, Mariniana, Gallien, Salonina, Saloninus, Postumus, Victorinus, Marius, Claude II, Quintilius, personnages qui ont paru sur la scène depuis 244 jusqu'en 270; puis enfin Constantin, qui fut proclamé Auguste par ses soldats, à York, en 306. On n'a rien trouvé qui se rapporte à l'époque de Jules César.

Le plateau, dont ce coteau de Moulineaux est le versant, était appelé autrefois le Montvic. D'où lui vient ce nom? Vient-il du latin *Mons victoriæ?* Y aurait-il eu là quelque bataille, quelque victoire remportée? C'est ce que probablement on ne saura jamais. La tradition du pays ne dit rien à ce sujet. On n'a pas trouvé d'armes ni de débris d'armes dans le voisinage. On n'a trouvé qu'une de ces haches en bronze, à deux tranchants, dont l'un a trois fois la largeur de l'autre, qui n'étaient pas susceptibles de s'emmancher et servaient, dans les sacrifices des païens, à écorcher les victimes, à l'époque gallo-romaine (1).

A l'extrémité de ce coteau, il y a une dépression du sol, une petite vallée qui descend en pente douce jusqu'à la Mue, et qu'on appelle *Valin valas.* Ces mots ne viendraient-ils point du latin *Vallis vallata?* Vallée fortifiée. Ne serait-ce point par là que

(1) Dom Jacques Martin, religieux Bénédictin de la Congrégation de S. Maur, dans son ouvrage qui a pour titre : *La religion des Gaulois,* parle de cette sorte d'instrument et dit que c'était le χρωωδειρα des Grecs et le *culter excoriationis* des Latins. T. Ier, p. 109.

les troupes de notre camp romain venaient abreuver leurs chevaux et chercher l'eau qui leur était
nécessaire? Ce qu'il y a de certain, c'est qu'il n'y a
pas de cours d'eau plus proche, ni plus limpide, ni
d'un accès plus facile que la Mue à cet endroit.

CHAPITRE II

Outre l'agglomération d'habitations qui forme le village de Bény, proprement dit, il y a le hameau de Bracqueville, composé maintenant de trois feux, mais qui, autrefois, était bien plus considérable. Il est situé au midi, à environ un kilomètre de l'église.

Les diverses rues de Bény sont : 1º la rue Sainte-Marie (pendant la Révolution on disait la rue Marie), qui est la principale de toutes et va depuis la mare du planitre jusqu'à la sortie de Bény, vers Bracqueville ; 2º la rue d'Asnières, qui va en droite ligne vers Moulineaux ; 3º la rue du Viquet, qui passe derrière le presbytère ; 4º la rue de Bas, qui part de la place de l'Église et se dirige vers la Mer ; 5º la rue des Bruyères, qui longe le cimetière au nord et conduit à la Bruyère ; 6º la rue Joas, Juas ou Jouas (car dans les registres on trouve ces trois manières d'écrire son nom), est, je crois, ce petit bout de rue qui va de l'abreuvoir du planitre jusqu'à la place de l'Église ; 7º la rue de Bracqueville.

Autrefois, pour entrer dans Bény en venant de Basly, il fallait aller par le chemin du Champ-Cornu ou venir jusqu'à la place de l'Église. Vers 1838 ou 1839, quand on a fait la route de Caen, on a ouvert une rue intermédiaire qui, de cette route, va se jeter dans la rue Sainte-Marie. Cette nouvelle rue est très-utile et était vraiment nécessaire.

Elle fut ouverte pour donner passage à la route qui, dans le principe, se dirigeait sur Reviers. Ce n'est que quelques années plus tard qu'on a donné à cette route sa direction sur Courseulles. A cette occasion, on abattit sur la place de l'Église un pâté de maisons qui empêchait la route d'avoir la largeur voulue. Alors, les grosses voitures, appelées comètes, chargées d'huîtres pour Paris et autres lieux, abandonnèrent la grande route de Courseulles à Caen par La Délivrande et vinrent par Bény, ce qui raccourcissait le trajet de quatre ou cinq kilomètres. C'est maintenant le chemin de fer qui fait le transport des huîtres, heureusement pour notre route, que ces pesantes charrettes défonçaient.

Avant que cette route fût faite, les communications avec Caen étaient très-difficiles. Il y avait bien un chemin qui avait à peu près le même tracé que la route actuelle, mais il était impraticable à certains endroits, même pour les charrettes. Dans ce qu'on appelait alors les chasses de Villons, il y avait des trous énormes, en tout temps pleins de boue. Les gens de pied étaient obligés, même dans l'été, de passer de l'autre côté des haies. Quand on voulait aller à Caen en voiture suspendue, il fallait gagner la route de La Délivrande, soit par le chemin de Douvres, qui était bien mauvais aussi, soit par ce que l'on appelle le chemin Vert.

À la fin du siècle dernier, c'était bien pire encore. La route de La Délivrande à Caen n'était pas faite. J'ai entendu dire à Mme de Montamy que, dans les premiers temps de son mariage, c'est-à-dire vers 1799, elle avait été obligée, pour se rendre à Caen, de monter en croupe derrière un domestique et d'aller chercher la route de Bayeux par les avenues de Saint-Louet, entre Rots et Authie.

M. de Caumont, dans son Cours d'antiquités monumentales, professé à Caen en 1830, dit : « L'église de Bény est romane, le chœur et la tour surtout sont à examiner. » L'ayant visitée de nouveau, vers 1835 ou 1836, en compagnie de M. de Mérode, les deux savants archéologues s'accordèrent à la faire remonter à la fin du xie siècle ou au commencement du xiie.

Une femme qui se trouvait là par hasard ayant dit, avec un grand air de conviction, que l'église de Bény, ainsi que celles de Douvres, de Langrune et de Bernières, avaient été construites par les Anglais pour être comme les pierres d'attente d'une

ville considérable qu'ils devaient bâtir dans cet endroit, M. de Caumont, pour toute réponse, se
contenta d'un sourire d'incrédulité.

L'église est sous l'invocation de Notre-Dame.

En 1689 le portail devait être en bien mauvais
état. Car nous voyons dans les registres de la
paroisse, à la date du 22 mai, qu'il est donné consentement à Nicolas Demieux, bourgeois de Caen,
trésorier de l'église, de faire payer tous redevables au
Trésor pour raccommoder le grand portail de
l'église, qui est en ruine. Nous voyons encore dans
les mêmes registres, qu'il a été fait des réparations
au gable de l'église en 1711.

Le tonnerre est tombé sur la tour le 21 décembre
1723, à neuf heures du soir, comme le constate le
procès-verbal suivant, copié textuellement dans les
archives de l'église :

« Aujourd'hui 22 décembre 1723, attestons à qui
il appartiendra, et cela avec douleur et sensible
déplaisir, cependant résignés et soumis aux ordres
de la toute-puissance de Dieu, que la pyramide de
la tour de l'église de la paroisse de Bény, haute
d'environ soixante pieds, a été entièrement détruite
et abattue, et le pied de ladite tour fort endommagé
par le tonnerre, sur les neuf heures du soir, le
vingt-unième du même mois et an que ci-devant,
plus que le chœur et la nef ont reçu la même dis-
grâce à cause des effets du tonnerre et des pierres
qui sont tombées et sur l'un et sur l'autre, ce qui

cause un dommage presque irréparable, tant à ladite pyramide et tour qu'au chœur et à la nef, ce que nous attestons, nous soussignés, être véritable. »

P. Mazier.

Bétourné.   T. Fallet.

Comme le mur du chœur, du côté du nord, avait été ébranlé et lézardé, la peur grossissant les choses, on s'empressa de le consolider en construisant ces deux énormes contreforts qui subsistent encore. Il serait bien à désirer qu'ils disparûssent, car ils déparent le chœur à l'extérieur et donnent beaucoup d'humidité à l'intérieur.

Le 14 octobre 1725, il fut décidé qu'on ferait venir deux architectes, afin de dresser un devis pour la réédification de la tour. Le 11 novembre, le devis fut admis. Huit jours après eut lieu l'adjudication au rabais. La première mise à prix portée par Godey fut de 3,000 livres. Pierre-François Aubrée, bourgeois de Caen, ne demanda que 2,000 livres ; Pierre Duval, 1,950 ; Jacques Elie, 1,930, et enfin le travail fut adjugé à Jean Aubrée pour la somme de 1,900 livres.

Si la pyramide avait réellement soixante pieds avant d'être foudroyée, on ne lui a pas redonné la même élévation en la reconstruisant, car la tour n'a en totalité que cent vingt pieds sans la croix, et certainement la pyramide ne fait pas la moitié de cette hauteur.

Bény étant un des points les plus élevés du pays, le clocher est aperçu de très-loin et sert à guider les navigateurs pendant le jour.

M. Simon, géomètre en chef du cadastre pour le Calvados, dans un Mémoire sur les opérations géodésiques et topographiques exécutées par lui dans le département, lu à l'Académie royale des Sciences, Arts et Belles-lettres de Caen vers 1826, dit que son « opération sera rattachée aux points » que les ingénieurs géographes du dépôt de la » guerre ont observés, il y a quelques années, dans » le Calvados ou sur les limites. Ces points, conti- » nue-t-il, sont : la tour de Bayeux, le clocher de » Bény-sur-Mer, le signal du Mont-Pinson sur la » bruyère du Plessis-Grimoult, Saint-Martin-de- » Chaulieu dans la Manche et le signal de Monta- » bard dans l'Orne. »

En 1834, deux officiers d'état-major qui travail- laient à la carte de France firent établir au sommet de la pyramide une plate-forme où l'on montait au moyen d'une échelle placée à l'intérieur de la tour. On voit encore, du côté du midi, les traces de l'ou- verture qui donnait accès à cette plate-forme. La partie supérieure de la pyramide avait été alors badigeonnée de blanc et de noir ; heureusement, la pluie a fait disparaître depuis longtemps cette dis- gracieuse bigarrure. Les deux officiers étaient le commandant Filhon, et le lieutenant Lebrun qui depuis est devenu général de division, et qui commandait, il y a quelques années, le 3e corps d'armée dont le siége est à Rouen.

La tour est classée depuis quelque temps parmi les monuments historiques.

Elle est peuplée de choucas ou corneilles de clocher, qu'on appelle vulgairement cauvettes, qui y nichent au printemps et y demeurent toute l'année. Il n'y a rien là d'étonnant ; mais ce qui est à remarquer, c'est que le clocher de Basly, qui n'est situé qu'à 1,800 mètres à peine de celui de Bény, et qui se trouve dans les mêmes conditions, à l'exception de la hauteur qui est un peu moindre, en est absolument dépourvu.

Vers 1835 ou 1836, il s'abattit sur Bény une grande quantité de cantharides qui dévorèrent les feuilles des frênes. On ne pouvait passer près de ces arbres sans respirer une odeur pénétrante fort désagréable.

Ce fut aussi vers cette époque que fit une apparition le bec-croisé, oiseau qui voyage en troupes dans le nord de l'Europe et de l'Asie et dans les forêts de l'Amérique. Les becs-croisés ont le bec comprimé, et les deux mandibules tellement courbes que leurs pointes se croisent. Ce bec extraordinaire leur sert à arracher les semences de dessous les écailles de pommes de pin. Ils viennent rarement dans nos contrées.

Nous avons entendu dire qu'il y avait autrefois une chapelle Sainte-Marie à peu de distance et au levant du puits Saint-Vigor. C'est sans doute cette chapelle qui a donné le nom de Sainte-Marie à la principale rue de Bény, dans laquelle elle se trouvait. Il nous a été dit également qu'il y a eu une autre chapelle dans la propriété de la famille de Montamy, à l'endroit où sont les remises.

Quant au puits Saint-Vigor, d'où lui vient son nom? Serait-il téméraire de dire qu'il s'appelle ainsi, parce que ce grand Saint aurait baptisé avec l'eau de ce puits un certain nombre de personnes? « Nous n'avons, dit Hermant, dans son *Histoire de Bayeux*, aucuns monuments qui nous instruisent du temps que notre Saint demeura à Reviers; mais il nous reste bien des marques des grandes choses qu'il y opéra pendant son séjour. » Or, il est bien probable que son zèle ne se borna pas à évangéliser la seule paroisse de Reviers, et que les lieux circonvoisins en ressentirent aussi les heureux effets. On peut donc conjecturer qu'il a prêché à Bény, qu'il y a opéré des conversions et administré le baptême, et que par reconnaissance on a donné son nom au puits qui lui a fourni l'eau baptismale. En ce cas, les gens de Bény auraient agi envers saint Vigor, comme ceux de Vaux-en-Vexin agirent envers saint Nicaise, premier évêque de Rouen. On lit dans le Bréviaire de Bayeux, 11 octobre: *Trecentas et amplius animas, unâ vice, in fonte qui de sancto Nicasio exhinc nuncupatus est, sacro baptismate regeneravit.* Saint Nicaise baptisa en un jour plus de trois cents personnes avec l'eau d'une fontaine à laquelle on donna pour cela son nom.

CHAPITRE III

SOMMAIRE. — La paroisse se divisait en deux portions. — Patrons présentateurs. — Presbytères. — Curés des deux portions. — M. Gilles s'embarque pour Jersey.

Avant la Révolution, la paroisse se divisait en deux portions qui avaient chacune un curé et un patron présentateur (1). D'après le livre pelut, écrit, comme nous l'avons dit précédemment, vers l'an 1356, la première était à la nomination de l'abbé de Montmorel (2), l'autre à la nomination du seigneur de Moulineaux, qui était alors Jean Gougeul. L'abbaye de Montmorel percevait un tiers de la dîme de Bény, et les deux curés chacun un tiers.

Parmi les seigneurs qui nommaient à la seconde portion, nous voyons :

(1) Le patron avait droit de présenter et de nommer à une église ou à une chapelle qu'il avait fondée ou dotée. Il jouissait, en outre, de certains droits honorifiques dans cette église ou chapelle. L'Eglise, pour récompenser la piété de ceux qui sacrifiaient ainsi une partie de leur fortune en sa faveur, et en exciter d'autres à faire de semblables sacrifices, les gratifiait de ces priviléges et de ces honneurs ; mais c'était toujours la puissance ecclésiastique qui donnait l'institution canonique.

(2) L'abbaye de Montmorel était située dans le diocèse d'Avranches. Elle avait été fondée au XIIIe siècle par quelques prêtres séculiers et enrichie par les dons de Jean de Subligny et de Rualem du Homme de Chassilly. Elle était desservie, au commencement du XVIIIe siècle, par huit ou dix chanoines réguliers de l'ordre de Saint-Augustin.

Guillaume DE MAGNEVILLE, comte d'Essex, seigneur de St-Georges-d'Aunay, de Moulineaux, etc., qui vivait en 1210.

Michel TALLEVAS, fils de Hugues, seigneur de Bény, qui vivait en 1274.

Henri MALBENCOU de MAULBANC, seigneur de Bény.

Guillaume DE MAULBANC, son fils, écuyer, seigneur de Bény, qui vivait en 1306.

Roger de MAULBANC, fils du précédent.

Jean GOUGEUL, premier du nom, qui fut héritier de Pierre Gougeul, évêque du Mans et du Puy. Il mourut en 1327.

Jean GOUGEUL, deuxième du nom, seigneur de Rouville. Il servit dans les guerres contre les Anglais, fut fait prisonnier le 29 septembre 1364 à la bataille d'Auray, en combattant sous les drapeaux de Charles de Blois, duc de Bretagne. Il fut l'un des bienfaiteurs de l'abbaye de Bonport, de l'ordre de Cîteaux, près de Pont-de-l'Arche, et il y est enterré.

Pierre GOUGEUL, dit Moradas, chevalier, conseiller, chambellan du roi Charles V, et son maître d'hôtel. Il fit partie de l'expédition que le roi envoya en Espagne contre Charles le Cruel, roi de Castille, en 1368 ; fut fait capitaine et garde de la ville de Pont-de-l'Arche en 1378 et 1379, puis lieutenant des maréchaux de France en Normandie depuis 1380 jusqu'en 1392, et fut tué à la bataille d'Azincourt en 1415.

Renier, seigneur de Rouville, son fils, qui mourut sans postérité.

Pierre, seigneur de Rouville, frère du précédent, qui mourut vers l'an 1450.

Jacques, seigneur de Rouville, de Grainville, de Moulineaux, etc., fils du précédent. Il embrassa l'état ecclésiastique, fut chanoine et archidiacre d'Eu en l'église de Rouen, et mourut le 27 janvier 1491.

Guillaume de Rouville, son frère, seigneur de Moulineaux, etc., chevalier, conseiller et chambellan de Louis XI. Il mourut le 23 novembre 1491 et fut inhumé en l'abbaye de Bonport, dans la chapelle consacrée à la sépulture de sa famille.

Geoffroy de Reviers, seigneur de Bény en 1499.

Les Le Gardeur, sieurs de Croisilles, puis d'Amblie, Bény, etc. Ils avaient été anoblis en 1510. Olivier Le Gardeur, écuyer, épousa, en 1570, Marguerite Godes, fille de Jacques Godes, seigneur et patron de Pierrepont et d'Amblie. Jacques Le Gardeur, leur fils, mort à Caen le 12 septembre 1635, fut inhumé le lendemain dans le chœur de l'église d'Amblie. Jean-Baptiste Le Gardeur, baptisé à Amblie le 22 juillet 1630, devint, après son père, seigneur et patron d'Amblie.

François du Thon, écuyer, seigneur de Moulineaux et de Bény. Sa femme, Anne de Petitpas, a été inhumée dans le chœur de l'église de Moulineaux, du côté vers la mer, le 4 juin 1685. Le fameux abbé Michel de Saint-Martin, ancien rec-

teur de l'Université de Caen, si connu pour ses sin-
gularités et ses ridicules, et pour avoir fourni à
Molière l'idée de son *Bourgeois gentilhomme*, était
issu par sa mère de la famille du Thon.

Jacques DE TOUCHET, écuyer, seigneur et patron
de Moulineaux et de Bény en partie, qui vivait en
1710. Il avait épousé Suzanne Roussel, qui mourut
en 1736, et qui est inhumée dans le chœur de
l'église de Bény.

Henri-Luc LHÔTE, seigneur du Londel, patron
de Moulineaux et de Bény en partie, mort à Saint-
Sauveur de Caen, le 7 avril 1772, à l'âge de 44 ans,
et inhumé le 9 dans le chœur de l'église de Bény.
Sa femme, Suzanne de Touchet, mourut l'année
suivante, également à Saint-Sauveur de Caen, le
26 novembre, et fut inhumée le lendemain dans le
chœur de Bény. Elle était âgée de 38 ans.

M. DE VASSY, seigneur de Fontaine-Henry, a dû
aussi être seigneur et patron de Bény, car il m'a
été dit par des vieillards qui avaient vécu avant la
Révolution que, lorsqu'il mourut, on sonna pendant quarante jours à Bény, et que sa litre (1) était
encore dans l'église avant 1793 ; ce qui n'aurait pas
eu lieu, s'il n'eût eu droit de patronage.

Le savant M. de Caumont dit que la seconde

(1) On appelait litre ou ceinture funèbre, une bande de peinture
noire d'un pied et demi ou de deux pieds au plus, courant autour de
l'église, sur laquelle on peignait, d'espaces en espaces, les armes de
celui qu'on voulait honorer. On en voit encore une dans l'ancienne
église de Thaon. Les armoiries en ont été grattées à l'époque de la
Révolution.

portion de la cure était à la nomination de l'abbaye de Lessay (1) ou à celle du seigneur laïque. En cela il est en contradiction avec le livre pelut qui ne parle que du seigneur laïque; mais dans la suite des temps, il a pu survenir et il est survenu, en effet, des changements dans le droit de nomination à cette seconde portion. Ce qui l'indique clairement, c'est qu'il est dit dans les actes de sépulture de Jacques de Touchet et de Henri-Luc Lhôte du Londel, qu'ils étaient patrons de Bény en partie. Ainsi, dans les derniers temps, l'abbé de Lessay et le seigneur laïque nommaient alternativement à cette seconde portion de la cure.

Le curé de la première portion habitait le presbytère actuel. Le presbytère de l'autre portion, qui existe encore, est situé rue Sainte-Marie, au nord de l'école des garçons.

Les deux curés célébraient chacun leur dimanche la messe paroissiale.

(1) Abbaye de Bénédictins au diocèse de Coutances, fondée en 1056.

CURÉS DE BÉNY AVANT LA RÉVOLUTION

PREMIÈRE PORTION

1681	Éléazar-François DE CHAUMONTEL..	1708
1710	Philippe MAZIER...............	1727
1728	Michel GUILBERT...............	1729
1731	André VASSEL.................	1742
1742	Michel LE FÈVRE..............	1764
1764	Jean-Baptiste-Augustin RENAUDE..	1770
1771	Henry-Auguste-Léonor HEURTIN..	1800

DEUXIÈME PORTION

1636	Julien GUILBERT................	1703
1705	Thomas GOUVILLE...............	1715
1717	Étienne BÉTOURNÉ..............	1732
1732	Augustin DE VENDES............	1781
1783	Louis NOURRY.................	1785
1787	Pierre OBLIN, émigra en........	1791

CURÉS DE LA PREMIÈRE PORTION

Éléazar-François DE CHAUMONTEL, né à Audrieu, était curé en 1681. Il est mort à Caen le 23 avril 1708. Il avait encore fait à Bény, le 21, le mariage de la sœur de Thomas Gouville, curé de la deuxième portion. Il a été transporté à Bény par les soins de ce dernier et inhumé dans le chœur de l'église, en présence de ses frères, par l'abbé Dovigny, curé de Fontaine-Henry. Il eut pour vicaire Michel Beuselin, depuis 1695 jusqu'à sa mort. Germain Déterville desservit la cure pendant le temps du déport (1).

Philippe MAZIER succéda à M. de Chaumontel. Il était probablement de Caen ; car il avait un frère, nommé Gaspard Mazier, qui est qualifié bourgeois de Caen. Le premier acte où il figure dans les registres est en date du 28 janvier 1710. En 1711, il y a eu une fonte de cloches par Étienne Le Fèvre. M. Mazier est mort le 26 décembre 1727. Il a été inhumé dans le chœur par M. Le Marchand, curé de Bernières et doyen de Douvres. F. Adam desservit pendant la vacance de la cure.

Michel GUILBERT. Son premier acte est du 27 janvier 1728 et son dernier du 18 juin 1729. Il a sans doute obtenu un autre bénéfice, car il n'est pas fait mention de sa sépulture.

André VASSEL. Son premier acte est du 5 janvier 1734. Il a été curé jusque vers le commencement de 1742. Il n'est pas mort à Bény.

Michel LE FÈVRE lui succéda. Son premier acte est du 15 février 1742 et le dernier du 28 février 1764. Sous son administration, en 1758, on fit refondre la petite cloche, qui était cassée. Pour en augmenter le poids et la rendre supérieure à la grosse, on fondit six chandeliers et un bénitier, et on ajouta du métal neuf, que l'on paya 23 sous

(1) Le déport était un droit qu'avaient certains évêques de jouir, pendant une année, du revenu des églises paroissiales qui vaquaient par la mort du titulaire. Ils indemnisaient le prêtre qui, pendant ce temps-là, était chargé d'y célébrer l'office divin.

9 deniers la livre sans déchet. Il fut payé, en outre,
95 livres pour la façon, le battant et les fontaines
pour les deux cloches. Cette cloche fut fondue dans
le cimetière par Fr. Quentin et J.-B. Bollée, de
Lorraine. M. Le Fèvre est mort, à l'âge de 58 ans,
le 23 avril 1764. Il a été inhumé, le lendemain,
dans le chœur, par M. Raisin, curé de Beuville et
doyen de Douvres.

Jean-Baptiste-Augustin Renaude, obitier à Courseulles, fut chargé de desservir pendant la vacance,
et ensuite nommé curé. Son premier acte, comme
curé, est en date du 5 octobre 1764. La grosse
cloche, qui avait été fondue en 1758 et qui pesait
1,200 livres, s'étant trouvée cassée, fut refondue en
1766. Celle qui restait pesait 800. On compléta
alors la sonnerie en en ajoutant une troisième de
500 à 600. Le métal fut payé 26 sous, sans compter
195 livres pour la façon, les battants et les fontaines. Les fondeurs étaient Jacques Poidevain et
Gillet, de Saint-Sauveur de Caen. Cette belle
sonnerie subsista jusqu'en 1793. A cette époque, la
Révolution emporta deux des cloches et n'en laissa
qu'une pour sonner le tocsin en cas d'incendie.
M. Renaude fut pris d'un refroidissement après
avoir prêché à Douvres aux Quarante-Heures, et
mourut le 10 mars 1770, deuxième samedi de
Carême. Il n'avait que 40 ans. Il a été inhumé
dans le chœur par M. Raisin, curé de Beuville et
doyen de Douvres. Pierre-François Poignant, prêtre

de Saint-Pierre de Caen, desservit pendant la vacance de la cure.

Henry-Auguste-Léonor HEURTIN prit possession vers le commencement de 1771. Son premier acte est du 20 janvier. C'est lui qui fit placer, dans les premiers temps de sa cure, la grille de la communion et la croix, accompagnée de ce bel ouvrage de serrurerie, style Louis XV, qui orne encore l'arcade du chœur. M. Heurtin a passé à Bény le temps de la Révolution. Pierre Simonnot, le curé intrus, ne le tourmenta pas. Il l'avait pris en quelque sorte sous sa protection. Il le laissa exercer quelques fonctions de son ministère. Le dernier acte où M. Heurtin prenne la qualité de curé est en date du 5 août 1791. Le 9 août, il fait une inhumation, mais dans laquelle il ne prend aucune qualification. Il en est de même dans plusieurs autres actes de 1791 et un du 14 septembre 1792. Il fait un baptême le 5 décembre 1791 ; c'est Simonnot qui rédige l'acte ; il donne à M. Heurtin la qualité d'*ancien curé de ladite paroisse*, et le fait agir *au lieu et place de P. Simonnot;* mais cet acte ne porte aucune signature. M. Heurtin est mort, à l'âge de 78 ans, le 2 avril 1800, à 7 heures du matin, en son domicile, rue Sainte-Marie, dans la maison qui lui appartenait, contiguë au presbytère de la première portion. La déclaration de son décès a été faite par Jean-François Valognes, son neveu, âgé de 31 ans, domicilié à Manvieu, canton de

Magny. Il fut inhumé le long du portail de l'église, du côté du midi. Sur sa pierre sépulcrale, qui était adossée contre le mur, on a lu, jusqu'en 1869, époque de la reconstruction de la nef, son épitaphe, ainsi conçue : « Ici repose le corps de Henri-Auguste Léonor HEURTIN, curé de cette paroisse, âgé de 78 ans. Il fut zélé, charitable, pacifique et orné de toutes les autres vertus qui caractérisent un bon pasteur (1). *Requiescat in pace.* » Maintenant, le corps de M. Heurtin se trouve dans l'église, la nef ayant été allongée de cinq mètres.

CURÉS DE LA DEUXIÈME PORTION

Julien GUILBERT a dû être nommé à la deuxième portion de la cure en 1636, à l'âge de 22 ans ; car il est dit dans l'acte de sa sépulture, en date du 14 septembre 1703, qu'il était âgé de 89 ans et qu'il avait été curé pendant 67 ans. C'est M^{tre} Nicolas Tabourier, curé de Biéville et doyen de Douvres, qui a présidé à ses funérailles. Son corps repose dans le chœur, du côté du midi. Isaac-Nicolas Lair était son vicaire en 1692, et il fut chargé de desservir jusqu'à l'arrivée de son successeur.

Thomas GOUVILLE. Son premier acte est du 19 février 1705. Mort le 28 mai 1715, à l'âge de 43

---

(1) Cet éloge est la reproduction de celui qui figurait sur la tombe de M. de Vendes, curé de la deuxième portion, mort en 1781. C'était sans doute M. Heurtin qui l'avait composé, et, à sa mort, on ne crut pas pouvoir mieux le louer qu'en lui appliquant à lui-même ce qu'il avait dit de son vénérable collègue.

ans, il a été inhumé le lendemain, dans le chœur, par Nicolas Tabourier, comme son prédécesseur. Mérite du Landé desservit pendant la vacance, qui dura jusqu'à 1717.

Étienne BÉTOURNÉ était obitier de Moulineaux en 1710. Curé de Bény en 1717, il a été inhumé dans le chœur, le 7 décembre 1732, par M. Larcher, curé de Reviers et doyen de Douvres. Il était mort à l'âge de 63 ans.

Augustin DE VENDES fut sans doute nommé immédiatement pour lui succéder ; car les registres ne font aucune mention de déportuaire, et, d'ailleurs, l'inscription qui était sur son tombeau portait qu'il fut curé dès 1732. Il est le premier des curés qui ait été inhumé hors de l'église. Ce fut M. Bence, curé de Langrune et doyen de Douvres, qui célébra ses obsèques. Son tombeau était placé le long du portail de l'ancienne nef, au nord, à environ cinquante centimètres du mur, les pieds tournés vers le midi. Voici son épitaphe : « Cy-gist le corps de messire Augustin de Vendes, seigneur et patron de Mons, du Fec-Silly et autres lieux, nommé curé de cette paroisse, pour la deuxième portion, en 1732. Il fut zélé, charitable, pacifique et orné de toutes les vertus qui caractérisent un bon pasteur. Il décéda le 18 décembre 1781, âgé de 78 ans. Priez Dieu pour le repos de son âme. » Aux pieds du tombeau était l'écusson du défunt, surmonté d'une couronne ducale, avec des lions pour supports. Les pièces de l'écu avaient été grattées à l'époque de la Révolution. La tombe de sa sœur, Marie-Thérèse de Vendes, morte le 14 septembre 1779, à l'âge de 77 ans, qui est encore dans le cimetière, auprès de la croix, a subi la même dégradation. De plus, le mot *noble* a disparu de son épitaphe, et, au lieu de : « Ci-gist le corps de noble demoiselle », on lit : « Ci-gist le corps de   demoiselle. » Depuis le prolongement de la nef, M. de Vendes repose, comme ses prédécesseurs, à l'intérieur de l'église. J.-B. Youf fut son vicaire pendant les deux dernières années de sa vie. Pierre Déloges, obitier de Bény, fut chargé de desservir jusqu'à l'arrivée du nouveau curé.

Louis Nourry était de Caen. Son premier acte est du 4 janvier 1783. Il mourut, à l'âge de 66 ans, le 13 décembre 1785, et fut inhumé, le 15, par M. Bence, curé de Langrune et doyen de Douvres. Son corps repose dans le cimetière, le long de l'église, du côté du midi, à soixante ou quatre-vingts centimètres du mur et à trois mètres de la tour. J.-B. Youf fut chargé de la desserte. Cet abbé Youf résida dans la paroisse jusqu'en 1790, car on voit encore un acte signé par lui le 20 avril de cette année. Ensuite il alla à la Guadeloupe, où il est mort.

Pierre Oblin était né à Lassy, paroisse du doyenné de Vire, et maintenant du canton de Condé-sur-Noireau. Il prit possession, vers la fin de

1786, à l'âge de 34 ans. Le premier acte où figure sa signature est en date du 2 janvier 1787, et le dernier est du 8 mars 1791. Il ne tarda pas sans doute à partir pour la terre d'exil. Son frère, qui était resté dans leur pays natal, afin d'administrer les Sacrements aux fidèles, fut victime de son zèle sacerdotal. En 1796, ayant été surpris au moment où il venait de célébrer un mariage, il fut impitoyablement massacré à coups de baïonnettes.

M. l'abbé Louis Gilles, que nous verrons dans des temps meilleurs curé de Bény, et qui était alors précepteur de M. Charles-Louis Le Courtois de Montamy, se dirigea sur Bernières, travesti en paysan, le 28 août 1791, et s'y embarqua, la nuit, pour Jersey.

CHAPITRE IV

SOMMAIRE. — Pierre Simonnot, curé constitutionnel. — Prise de possession du Montvic. — Ministère pastoral pendant la Révolution. — L'église pendant la Révolution. — M. Oblin, premier curé après le Concordat. — Il bénit trois cloches. — Sa mort. — Inscription de son tombeau. — M. Gilles, étudiant. — On lui propose la cure de Saint-André de Bayeux. — M. Gilles à Jersey. — En Angleterre. — Il est nommé à la cure de Bény. — Inhumation de M. de Mallon. — M. Gilles est nommé chanoine honoraire de Troyes. — Érection, à Bény, du Chemin de la Croix.

Cette même année 1791, arriva à Bény Pierre Simonnot, envoyé par l'évêque constitutionnel Claude Fauchet, qui avait été élu évêque du Calvados, le 18 avril, par 152 électeurs. Le premier acte de Simonnot, sur les registres, est à la date du 4 septembre; alors il se qualifie prêtre constitutionnel; le 14 octobre, curé constitutionnel; le 25 décembre, curé et aumônier du régiment de Lorraine; le 15 août 1792, curé et aumônier du 47e infanterie, cy-devant Lorraine; le 31 décembre (dernier acte religieux), curé et officier public de la paroisse. Sur les registres de l'état civil en 1793, il prend le titre de curé et officier public, et membre du Conseil général de la commune de Bény, élu pour dresser les actes destinés à constater les naissances, mariages et décès. A

partir du 22 août, il ne figure plus sur les registres. Il est probable qu'il quitta Bény vers cette
époque. Nous ne savons ce qu'il est devenu.

Le 19 octobre 1792, à 10 heures du matin, les
citoyens, en masse, ont pris possession du Montvic,
joûte d'un côté la rivière de Mue et d'autre le ter-
roir de Bény, bute d'un bout sur le territoire de
Reviers. Ils ont pris également possession d'un
bouquet de 308 pieds d'arbres et en ont abattu
deux pour l'arbre de la liberté. Au bout du pont,
le long de la rivière de Mue, en allant au val de
Bracqueville, ont abattu un arbre pour composer
l'arbre de la liberté. (Extrait du registre de la
commune.)

M. Heurtin, curé de la première portion, qui,
comme nous l'avons dit, continua à résider dans
sa maison, exerça en secret les fonctions du saint
ministère autant que ses forces le lui permirent.
M. l'abbé Desmonts, ancien religieux de l'abbaye
de Notre-Dame-du-Val, doyenné de Cinglais, devenu
plus tard curé de Banville, où il est mort en 1844,
à l'âge de 79 ans, et M. l'abbé Roger, cachés l'un
et l'autre à Moulineaux, rendirent de leur côté
de grands services à la paroisse. Ils disaient la
messe dans une grange, située presqu'en face de
la rue d'Asnières.

L'église a été, comme toutes les autres, profanée
par la célébration des fêtes décadaires. Nous avons
connu un individu qu'on disait avoir chanté la

Marseillaise dans la chaire. Mais elle n'a point été pillée ni endommagée. Elle a même été entretenue constamment en bon état par un nommé Jacques Elie, dit Verdin, qui réclama en 1803 une somme de 330 francs pour tous les frais qu'il y avait faits tant en achat de tuiles qu'en vitres et en journées (Délibération du Conseil municipal du 15 pluviôse an XII.)

Nous ne savons à quelle époque eut lieu, après la Révolution, la première cérémonie religieuse dans l'église. La première inhumation inscrite sur les registres de catholicité porte la date du 19 juillet 1802. Cette inhumation a été faite par M. Oblin, l'ancien curé de la seconde portion.

A son retour de l'exil, il fut d'abord curé de Saint-Remy; mais il n'a dû occuper ce poste que bien peu de temps, puisque le Concordat entre Pie VII et le premier Consul fut signé le 15 juillet 1801, et que nous le voyons exercer à Bény les fonctions pastorales dès le 19 juillet de l'année suivante.

En 1814, trois cloches furent bénites par M. Oblin. La première, pesant 700 livres environ, fut nommée Colombe par M. l'abbé de Mallon et
La seconde, pesant 510 livres, fut nommée Clotilde par M. Pierre Desloges et dame Marie-Anne Jeanjean, épouse de M. Petit; et la troisième, pesant environ 400 livres, fut nommée Marie par M. Gabriel Petit et demoiselle Marie-Anne Desloges. Elles avaient été fondues à Bayeux par Dubosq. MM. de

Mallon, Daubert, Petit, Desloges étaient alors mar-
guilliers, et Jacques Elie, trésorier.

Un jour, comme M. Oblin revenait de Reviers, le
vent soufflant avec force lui enleva son chapeau et
l'emporta au loin dans les champs. S'étant échauffé
à courir après, il eut un refroidissement qui fut la
cause de sa mort. Il mourut le IIIe dimanche après
Pâques, 14 avril 1818, muni du saint Sacrement
de l'Eucharistie et de l'Extrême-Onction, et fut
inhumé le surlendemain par M. Boullard, curé
d'Anguerny, en présence de MM. Bonvoisin, curé
de Luc; Bidot, curé de Thaon; Trevet, vicaire de
Reviers; Desmonts, curé de Banville; Devaux, curé
de Fontaine-Henry; Jean Villeroy, chapelain de La
Délivrande, et Antoine Lénault, vicaire de Bernières. Il avait 66 ans. Il repose à 1 mètre 50 centimètres environ de l'église, au midi, la tête à
4 mètres 90 centimètres de la tour.

Sur sa tombe est gravée l'inscription suivante,
qui fait allusion à l'accident qui a occasionné sa
mort :

> PASSANT QUI LIS MON AVENTURE,
> RECONNAIS TA FRAGILITÉ ;
> ET PUISQU'ICI-BAS RIEN NE DURE,
> PENSE DONC A TON ÉTERNITÉ.

M. Trevet, alors vicaire et plus tard curé de Reviers, fut nommé desservant provisoire.

Le successeur de M. Oblin fut M. Louis Gilles,
né à Fontaine-Henry, le 28 novembre 1764. Doué

d'un grand talent naturel, il fit de fortes études à l'Université de Caen et au séminaire des Eudistes. Il aimait à raconter qu'il avait soutenu des thèses *sine præside*. Il venait d'être ordonné prêtre lorsque la Révolution éclata. M. l'abbé d'Audibert de la Villasse (1), parent de Mgr de Cheylus, lui avait proposé la cure de Saint-André de Bayeux. Cette paroisse était très-peu importante, et ne comptait, dit-on, que soixante-dix habitants. L'église avait été abandonnée en 1682 et démolie en 1751. L'office avait été transféré à l'église Saint-Malo; mais le titre paroissial subsistait toujours (2). M. d'Audibert eut beau lui représenter que c'était un pied à l'échelon et qu'il aurait mieux plus tard, l'abbé Gilles n'accepta pas et vint à Bény pour faire l'éducation du jeune Charles de Montamy. C'est de là qu'il partit pour l'exil.

Il alla d'abord à Jersey où il donna des leçons de latin et de français pour se procurer des moyens de subsistance. C'est alors qu'il changea de nom pour dérouter les espions envoyés de France par les révolutionnaires et épargner ainsi à sa famille toutes sortes de désagréments et de persécutions. Il ne s'appela plus dès lors en pays étranger que M. Delafontaine.

(1) Mort le 9 janvier 1845, dans sa 96e année, doyen du Chapitre.

(2) Michel Beziers, l'auteur de l'Histoire sommaire de la ville de Bayeux, publiée en 1773, avait été curé de Saint-André avant d'être chanoine du Saint-Sépulcre de Caen.

Comme il avait beaucoup d'aptitude pour l'étude des langues, il apprit très-promptement l'anglais. Au bout de quatre ans, il partit pour la grande terre, comme on dit à Jersey, c'est-à-dire pour l'Angleterre, espérant avec raison y trouver plus de ressources que dans la petite île normande. Là il ne tarda pas à se lier avec quelques familles catholiques des plus honorables. Il se plaisait à redire la bienveillante sympathie et même la cordialité avec lesquelles il était accueilli chez lord Stafford et plusieurs autres. Il donna des leçons comme à Jersey, et desservit, en qualité de missionnaire apostolique, jusqu'à vingt-deux chapelles. Quoique loin de son pays, il se trouvait heureux, tellement qu'il ne revint pour la première fois en France qu'en 1816, après la seconde Restauration. Il y revint encore en 1817; car nous le voyons exercer quelques fonctions ecclésiastiques à Bény, du mois d'août au mois d'octobre. Il ne revint définitivement qu'en 1818.

M. Oblin était mort et n'avait pas encore de successeur. M. Gilles fut désigné pour le remplacer à la cure de Bény. Le premier acte où il prenne le titre de desservant est en date du 11 juillet. Il avait alors près de 54 ans. Un des premiers soins du nouveau curé fut de réhabiliter des mariages contractés pendant la Révolution. Son prédécesseur avait réussi à en réhabiliter quelques-uns; mais il avait aussi quelquefois échoué, car M. Gilles en réhabilita trois au mois d'avril 1819, et un autre encore en 1826.

Le lundi 11 septembre 1820 eut lieu l'inhumation de M. Pierre-Jean-Judé de Mallon, ancien curé de Moulineaux, décédé la veille, âgé d'environ 70 ans, muni de la sainte Eucharistie et de l'Extrême-Onction. La cérémonie fut présidée par M. Charles Desmonts, curé de Banville, et eut lieu en présence de: MM. Bidot, curé de Thaon; Poret, curé de Colomby; Devaux, curé de Fontaine; Laplanche, curé de Graye; Trevet, vicaire de Reviers; Sénécal, vicaire de Courseulles, et Gilles, curé de Bény.

M. Gilles fut nommé, en 1828, chanoine honoraire de Troyes, par l'intervention de M. Foucher de Cardo, son condisciple et son ami, vicaire général de ce diocèse.

Le Chemin de la Croix a été érigé solennellement à Bény, pour la première fois, par M. Saulet, supérieur des Missionnaires du diocèse, le 21 octobre 1832.

CHAPITRE V

SOMMAIRE. — M. Gilles demande un vicaire. — J. Leherpeur-Dupray est nommé au vicariat de Bény. — Mgr Dancel confirme à Bény. — J. Leherpeur est nommé curé de Bures. — Fr. Ernest, son frère, le remplace à Bény. — Mort et obsèques de M. Foucher de Cardo, vicaire général de Troyes. — Bénédiction d'une cloche. — Bénédiction de la croix du cimetière. — Restauration du sanctuaire. — Dernière messe de M. Gilles. — Sa mort. — Son éloge. — Ses obsèques.

M. Gilles n'avait encore que 68 ans, mais déjà il sentait le poids de l'âge. Quelques indispositions qu'il éprouva vers la fin de 1831 et dans le cours de 1832, le déterminèrent à demander à Mgr Dancel, alors évêque de Bayeux, un vicaire pour lui aider à porter le fardeau de la charge pastorale. M. Jacques Leherpeur-Dupray, alors curé de Thiéville, canton de Saint-Pierre-sur-Dives, depuis cinq mois, après avoir été deux ans vicaire de Creully, fut désigné pour le vicariat de Bény. Il y arriva dans les premiers jours de décembre 1832.

Le mardi 18 juin 1833, à 8 heures du matin, Mgr Dancel administra le sacrement de Confirmation aux paroisses de Bény, Basly, Colomby, Fontaine-Henry, Reviers et Thaon. La cérémonie eut lieu dans la cour du château de M. de Montamy. Monseigneur était accompagné de M. l'abbé

Thomine-Desmazures, chanoine de Bayeux, et plus tard évêque de Sinopolis *in partibus*, mort en 1869.

Jacques Leherpeur ayant été nommé curé de Bures, doyenné de Troarn, quitta Bény le 25 mars 1835. François-Ernest, son frère, y arriva le lendemain. Né à Caen le 26 février 1811, sur la paroisse Saint-Sauveur, il avait fait ses études au collége royal de Caen. Ordonné prêtre le 29 mars 1834, il fut nommé vicaire de Villy-Bocage, où il passa trois mois dans la société d'un jeune curé, l'abbé Beaussieu, qui se mourait, et qu'il eut la douleur de voir mourir sans l'avoir jamais vu à l'église, et deux autres mois seul, comme desservant provisoire, heureux d'accepter la généreuse hospitalité que voulut bien lui offrir un riche propriétaire, M. J. Dubosq.

Le mardi 21 juin 1836 eurent lieu à Bény les obsèques de M. Pierre-François Foucher de Cardo, natif de Thaon, chanoine et vicaire général de Troyes, chanoine honoraire de Bayeux, décédé chez sa nièce, Mme Le Carpentier, née Foucher, le 19, âgé de 70 ans 4 mois. Le corps fut transporté à Plumetot où il fut inhumé en présence de plusieurs prêtres du voisinage.

Le dimanche 11 décembre de la même année, jour de la solennité de l'Immaculée Conception de la Très-Sainte Vierge, M. l'abbé Gilles procéda, après les Vêpres, à la bénédiction de la grosse cloche. Elle pesait 329 kil. Elle avait été fondue par F. Bailly, père et fils, fondeurs à Caen. Elle

eut pour parrain M. Casimir de Tournebu et pour
marraine Mlle Cornélie de Montamy, qui la nommè-
rent Louise-Cornélie, et donnèrent à l'église une
chasuble de damas rouge et une aube de tulle brodé.
La cérémonie fut prêchée par M. le Vicaire.

Le 13 mars 1842, dimanche de la Passion, immédiatement avant les Vêpres, M. le Curé bénit la
croix actuelle du cimetière. Elle est sortie de la fon-
derie Sainte-Bathilde à Caen, et elle a été posée sur
l'ancienne colonne en remplacement d'une croix
en pierre sur laquelle était grossièrement sculpté,
par un maçon, un Christ informe et sans proportions. Le vent l'avait renversée et brisée.

Au mois d'août 1845, grâce à la générosité de
plusieurs personnes, le pavage du sanctuaire, qui
était en très-mauvais état, fut remplacé par des
pavés noirs et blancs, en pierre de Fontenay et
d'Aubigny. Le marchepied de l'autel fut également
renouvelé. L'autel, de style Louis XV, avec colonnes
d'ordre composite et baldaquin, d'où pendent avec
grâce deux guirlandes de roses, fut entièrement
peint et doré très-habilement et avec beaucoup de
soin par MM. Point, père et fils, ouvriers de
M. Lacour-Drieu, peintre à Caen. Ce travail coûta
1,200 francs. Cette somme fut payée par M. Casimir
de Tournebu et Mlle Eulalie de Tournebu, sa sœur,
à qui leur piété avait fait comprendre que c'est faire
un noble usage de sa fortune que de l'employer à
l'embellissement de la maison de Dieu.

Pendant cette restauration du sanctuaire, la messe se disait au petit autel qui est du côté du midi. M. le curé, qui était infirme et ne célébrait plus depuis quelques mois, voulut dire la messe le 25 août, en la fête de saint Louis qui était son patron, envers qui il avait beaucoup de dévotion. Il la dit, en effet, mais avec bien de la peine ; et ce fut pour la dernière fois. Ses forces physiques diminuaient de jour en jour ; son moral s'affaiblissait également. A la fin il ne savait plus dire son bréviaire ; il ne se souvenait plus des rubriques, il s'embrouillait et recommençait sans cesse, en sorte que cette récitation de l'office divin n'était plus pour lui qu'une fatigue insupportable. M. le vicaire fut obligé de s'adresser à l'évêché pour demander qu'il en fût dispensé.

Cependant il ne gardait pas la chambre, et le 31 mars 1848, jour de sa mort, il se disposait encore à se lever comme à l'ordinaire, lorsqu'il fut frappé d'apoplexie, à six heures et demie du matin. Il n'avait plus qu'une lueur de connaissance. Je me hâtai de lui administrer l'Extrême-Onction. La connaissance se perdit bientôt tout à fait, et il rendit son âme à Dieu, à 11 heures 15 minutes du soir, à l'âge de 83 ans 4 mois.

M. Gilles était très-hospitalier ; il était studieux et aimait beaucoup à lire. Comme il avait beaucoup lu, beaucoup vu et beaucoup retenu, sa conversation était très-intéressante. En société il était enjoué, et avait la répartie prompte et spirituelle. Il avait un caractère un peu vif, mais un cœur excellent, et je peux dire que j'ai été heureux pendant les treize années que j'ai passées avec lui.

Le lundi 3 avril eut lieu l'inhumation qui fut faite par M. Folloppe, doyen du canton de Creully, en présence de: MM. Bellée, doyen du canton de Douvres; Chemin, curé de Saint-Contest; Lahaye, curé de Carpiquet; Roucamps, curé de Luc; Bertomé, curé du Fresne-Camilly; Le François, curé de Langrune; Rolland, curé de Graye; Desclais, curé de Cresserons; Vauquelin, curé d'Anguerny; Bocage, curé de Lion-sur-Mer; Prével, curé de Ver; Gassion, curé de Banville; Caillot, curé de Rosel; Le Brethon, curé de Fontaine-Henry; Daudeville, curé de Sainte-Croix-sur-Mer; Leherpeur, curé de Lantheuil; Gosselin, curé de Cambes; Blin, curé de Bernières; Enguehard, curé de Colombiers-sur-Seulles; Béziers, curé de Courseulles; Bossard, curé de Saint-Aubin-de-Langrune; Lénault, vicaire de Bernières; Châtel, vicaire de Ver; Locard, vicaire d'Amblie; Brasil, vicaire de Douvres; Blet, vicaire de Saint-Contest; Navamuel, vicaire de Lion-sur-Mer; Le Bosq, vicaire de Creully; Davoult, vicaire de Thaon; La Folie, vicaire de Saint-Aubin-de-Langrune; Demortreux, vicaire de Bernières; Roger, vicaire de Courseulles; Séguin, vicaire de Plumetot; Leherpeur-Dupray, vicaire de Bény-sur-Mer. M. le curé a été inhumé dans le cimetière, au midi de l'église, à une petite distance de la tour. Sur le tombeau que lui a fait élever sa famille, du côté opposé à l'épitaphe, est gravé ce vers :

Il fut de son troupeau le père et le modèle.

Ce n'est autre chose que la traduction de *Fit gregis pastor, pater atque forma*, de l'hymne que nous chantions autrefois aux I^{res} Vêpres du commun des pontifes, dans le bréviaire de Bayeux.

CHAPITRE VI

SOMMAIRE. — F.-E. Leherpeur-Dupray est nommé curé de Bény. — Élection des représentants du peuple le jour de Pâques. — Travaux au presbytère. — Mort subite d'un chantre à l'église pendant la messe. — Mgr Robin confirme à Bény. — Grands travaux de restauration à la maison du presbytère en 1851 et en 1862. — Accident qui causa plus de peur que de mal. — Inondations dans la cave du presbytère. — Orage terrible. — Grêlons énormes. — Tremblement de terre. — Construction de la sacristie. — Verrières aux deux grandes fenêtres du chœur. — Rétablissement des colonnes du chœur. — Petit autel sous la tour.

Je fus désigné par M. le doyen de Creully pour desservir la paroisse pendant la vacance de la cure. Cette vacance ne fut pas longue; car dès le 16 avril, dimanche des Rameaux, je reçus par l'entremise de M. Michel, vicaire général, avis de ma nomination à la cure de Bény, par Mgr Robin, évêque de Bayeux, en date du 1er avril.

Depuis le 25 février, nous étions en République. Le suffrage universel avait été décrété par le gouvernement provisoire. Le jour de Pâques, 23 avril, avait été fixé pour l'élection des représentants du peuple à l'Assemblée nationale. Cette élection devait avoir lieu au chef-lieu de canton. Comme il était de la plus grande importance de faire de bons choix, nous fîmes nos dispositions, pour aller voter malgré la solennité du jour. La cérémonie de la Résurrection se fit donc à 5 heures; puis aussitôt après, l'aspersion de l'eau bénite et la procession suivie de la grand'messe; et à 8 heures tout le monde partit pour Creully. Le soir, nous dîmes les vêpres à 4 ou 5 heures.

Le 18 décembre 1791, le Conseil de la commune avait arrêté qu'il serait pratiqué un abreuvoir au carrefour, nommé le planitre, en face du presbytère. Cette mare qui existe encore est très-utile. On y abreuve les chevaux et les bestiaux au retour des champs; de pauvres gens y lavent leur linge, et elle a rendu de grands services dans les incendies. Elle fut creusée juste en face de la grande porte, en sorte qu'il devint impossible d'entrer au presbytère avec une voiture. On a dit que c'était en haine de la dîme et du curé que ce travail fut décidé. Comme il était très-incommode de ne pouvoir charrier les grosses provisions, telles que le cidre, le bois, les engrais jusqu'à place, le premier ouvrage que la Fabrique fit exécuter, après ma nomination, fut de transplanter les piliers de la grande porte et de les placer où ils sont maintenant. Cette transplantation exigea le remaniement du jardin, et il fallut remplacer une allée de 3 ou 4 pieds par une de 8 ou 9 de large. Ces travaux furent exécutés dans l'été de 1848.

Le 1er dimanche de l'Avent, pendant le graduel, la messe fut tout à coup interrompue par un événement des plus tristes. Un de mes chantres qui était au lutrin tomba comme foudroyé. Avant même que je susse de quoi il s'agissait, on l'emporta dans une maison voisine. Je quittai l'autel pour le voir et lui porter les secours de mon ministère; mais malheureusement il était mort.

Le jeudi 14 juin 1849, Mgr Robin confirma à Bény. Après la messe et l'allocution adressée aux enfants par M. Leherpeur, ancien missionnaire de La Délivrande, alors chanoine et vicaire général de Bayeux, et, l'année suivante, premier évêque de Fort-de-France (Martinique), où il est mort en 1858, la procession, composée des paroisses de Bény, Basly, Anguerny, Anisy et Colomby-sur-Thaon, se forma et se dirigea vers le château de M. de Montamy. Ce fut dans la cour que Monseigneur administra le sacrement de Confirmation aux enfants, rangés en demi-cercle sur le gazon. Le temps était magnifique et le spectacle charmant. La cérémonie terminée, le prélat voulut bien s'asseoir à la table du châtelain, et fut enchanté de la réception qui lui fut faite.

En 1851, de grands travaux de restauration furent exécutés au presbytère. Construit depuis cent ans et plus, à part l'entretien de la couverture en chaume et quelques petites réparations qui y avaient été faites vers 1818, à l'arrivée de M. Gilles, on n'y avait rien fait et il était en mauvais état. C'est ce que constate le Conseil de Fabrique dans sa délibération du 27 avril 1851, où il s'exprime ainsi : « Considérant que l'état de la couverture et des planchers des appartements du presbytère exige des réparations considérables, etc. » Ces réparations commencèrent au mois de mai et ne finirent qu'à la Toussaint. Les planchers furent presque tous renouvelés ; les appartements furent rehaussés et plafonnés ; des parquets en bois de sapin remplacèrent le carrelage en pierre ; les fenêtres furent refaites à neuf ; la maison fut exhaussée d'un mètre, au moins, et couronnée d'un bel entablement, avec une couverture en ardoises. Tout ceci ne regarde que la partie du presbytère du côté du levant.

L'autre partie, qui n'était composée que de greniers, restait à restaurer. Ce ne fut qu'en 1862 que cette restauration eut lieu. Il fallut recreuser la cave, qui est sous terre, et en abaisser le sol d'un mètre, bâtir de fond en comble la façade du midi, construire des cheminées et transformer l'ancienne cuisine en salle à manger.

Un samedi soir, dans le mois de septembre, comme les maçons faisaient la chaîne pour monter des moellons au haut de la maison, l'échelle, sur laquelle trois d'entre eux étaient espacés, rompit tout à coup. Ils pouvaient se tuer ou, du moins, se briser les membres en tombant sur les gravois et sur les pierres qui se trouvaient en bas ; mais, par une espèce de miracle, aucun ne fut blessé. Ils en furent quittes pour la peur et quelques contusions, et, le lundi, tous reprirent leur travail à l'heure accoutumée.

Nous avons dit plus haut qu'on a défoncé d'un mètre la cave du presbytère. Par suite de cet abaissement de niveau, quand il y a une longue persistance de pluies abondantes, l'eau sourd imperceptiblement à vingt, trente places, de la pierre qui forme le sol de cette cave. C'est ce qui arriva, pour la première fois, en 1878. Le 21 novembre commença cette inondation, qui, d'abord peu inquiétante, prit de telles proportions qu'en certains jours on a enlevé jusqu'à 1,500 litres d'eau. On combattit ainsi pendant près de trois semaines. Le 10 décembre, on installa une pompe, qui facilita beaucoup la besogne et procura un grand soulagement. Cet envahissement des eaux ne cessa que dans les premiers jours de janvier. Il s'est renouvelé en décembre 1882, mais avec bien moins d'intensité. Quand l'eau monte ainsi dans la cave, elle monte également dans le puits, qui en est éloigné d'environ trente mètres. On l'y a vue à 1 mètre 77 centimètres du sol en 1878.

Le 26 août 1852, vers trois ou quatre heures de l'après-midi, il éclata sur Bény et les environs un orage terrible, accompagné de grêlons d'une grosseur extraordinaire. J'étais absent. Le soir, trois ou quatre heures après qu'ils étaient tombés, on m'en montra qui avaient encore quatre centimèt. de diamètre. A Douvres, ce jour-là, une femme fut noyée dans son étable située dans une cour qui était de beaucoup en contre-bas du chemin.

Le 1er avril 1853, entre dix et onze heures du soir, on entend, à Bény, un bruit souterrain très-fort, comme d'un lourd chariot roulant de l'ouest à l'est, et en même temps on sentit la terre et les maisons trembler. Ce tremblement de terre occasionna des dégâts aux tourelles de la cathédrale de Coutances.

En 1858 a eu lieu la construction de la sacristie. Il en existait une autre auparavant qui pouvait dater de Louis XIII ou de Louis XIV. Elle n'avait que douze pieds en tous sens. Elle était mal éclairée. Les murs en étaient extrêmement épais. Elle était voûtée, sans autre toiture que les pierres mêmes qui formaient la voûte. Elle était tellement humide que les livres, les linges, les ornements moisissaient et pourrissaient. M. Bayon ayant donné à l'église, en 1857, trois chapes et une chasuble, à l'occasion du mariage de sa fille avec M. Hthe Duquesnel, on était obligé, les jours de fêtes, de porter et de reporter du presbytère à l'église et de l'église au presbytère ces ornements; faute de quoi ils se seraient promptement détériorés. Comme cette manœuvre était fort incommode et quelquefois impossible, il fut résolu qu'on bâtirait une nouvelle sacristie; les travaux commencèrent au printemps.

Le mur du chœur qui faisait un des côtés de la sacristie étant en très-mauvais état dans sa partie supérieure, on profita de la circonstance pour le réparer, et refaire à neuf, en style roman, une des fenêtres, là où avait été pratiquée, je ne sais à quelle époque, une vaste ouverture ogivale, que les constructeurs de l'ancienne sacristie avaient rebouchée à moitié avec leur toit de pierre. On a employé tous les moyens possibles pour rendre la nouvelle sacristie saine et sèche. On l'a isolée du mur du chœur en laissant entre deux un espace d'un mètre ; on a remplacé le pavé par un plancher en bois, qu'on a surélevé de dix-huit à vingt centimètres et sous lequel on a laissé du vide ; on n'a donné aux murs que très-peu d'épaisseur. Elle est éclairée par trois belles fenêtres ; elle est plus vaste et plus élevée que l'autre ; enfin, elle est plafonnée et couverte en ardoises. Elle a été construite dans le style de l'église. Les deux fenêtres du chœur, du côté du midi, ont été alors garnies de vitraux. L'un a été donné, en 1858, par M. le Curé, et fourni par Gustave Le François, de Creully. L'autre a été donné, en 1859, par les paroissiens. Il sort des ateliers de Mazuet, peintre-verrier, alors à Caen et maintenant à Bayeux.

Ce fut également en 1859 qu'on a rétabli les colonnes du sanctuaire, du chœur et de la grande arcade, qui avaient été coupées anciennement pour faire de la place et mettre des lambris. On regratta en même temps le chœur et le dessous de la tour, et l'on enleva une cloison en pierre qui bouchait l'ouverture de cette grande niche ogivale dans laquelle est le petit autel où l'on fait le reposoir du

Jeudi-Saint. Cet autel fut construit alors, et la petite fenêtre qui le domine fut garnie d'une verrière (1), représentant le Sauveur du monde, sortie, comme celle du chœur, des ateliers de Mazuet. Le vieux sacristain Charles Thomas disait qu'il y avait autrefois, à cette même place, un autel où un prêtre, nommé Le Marchand, disait la messe. Je l'ai dite une fois au nouvel autel, le 6 août 1860; mais je n'ai pas recommencé. Le défaut d'espace rend cet autel très-incommode.

(1) Don de M. le Curé.

CHAPITRE VII

Le lundi 15 août 1859, en la solennité de l'Assomption, fête patronale de la paroisse, M. le curé a bénit, avec la permission de Mgr Didiot, les deux statues de la Sainte-Vierge tenant entre ses bras l'Enfant-Jésus, et de Saint-Joseph (1). La cérémonie eut lieu entre la procession et la grand'messe. M. le curé monta en chaire et adressa aux fidèles l'allocution suivante :

MES FRÈRES,

Avant de sanctifier par les prières et la bénédiction de l'Église ces statues de la glorieuse Vierge Marie et de Saint-Joseph, son bienheureux époux, je me sens pressé de vous adresser quelques mots à l'occasion de cette pieuse cérémonie.

Le culte des images remonte à la naissance du

(1) Ces statues en pierre, œuvre de M. Jean Jaley, célèbre statuaire de Paris, chevalier de la Légion d'honneur, membre de l'Institut, arrivèrent le samedi 13, et furent mises en place aussitôt sur leurs culs-de-lampe, sculptés par Hottin, sculpteur à Bayeux.

christianisme; mais alors obligés, pour échapper à
la persécution, de changer continuellement le lieu
de leurs saintes assemblées, pouvant à peine sous-
traire à la fureur des païens les livres des évangiles
et les vases qui servaient au sacrifice, les fidèles
s'appliquaient plutôt à devenir eux-mêmes des
images vivantes des Saints qu'à en fabriquer des
images matérielles. Aussi ces saintes images étaient-
elles rares dans ces premiers temps. Mais lorsque
la paix fut enfin donnée à l'Église, la piété du grand
Constantin les multiplia, et il en décora non-seulement les temples qu'il fit élever à la gloire du Très-
Haut, mais encore ses palais et les places publiques.

Au VIIIe siècle, il parut une secte d'hérétiques qui
déclara aux images du Sauveur, de sa divine Mère
et de ses Saints, une guerre d'extermination. Leur
haine aveugle et brutale poursuivit ces saintes
images jusque dans les pieux asiles où elles étaient
révérées, et couvrit, pendant de longues années, de
sang et de ruines les plus belles provinces de l'Orient
et de l'Occident. Les réformateurs du XVIe siècle ne
furent pas moins impitoyables. Ils se firent un point
de religion de renverser et de briser ou de brûler
les crucifix et les images des bienheureux habitants
du ciel; et nos vieilles cathédrales se virent dégar-
nies de cette légion de saints qui, comme des sen-
tinelles vigilantes, peuplaient leurs portiques.

D'où venait cette fureur contre les saintes images?
On voulait, disait-on, supprimer l'idolâtrie; mais

c'était au christianisme lui-même qu'on en voulait. L'idolâtrie n'était qu'un vain prétexte qu'on mettait en avant. En effet, comment pouvait-on raisonnablement accuser les chrétiens de rendre aux images un culte idolâtrique, eux qui font hautement profession de croire à l'unité de Dieu, et qui ne s'assemblent pas une fois dans les jours consacrés au Seigneur sans chanter solennellement, avant l'oblation de la Victime sainte, ce symbole dont le premier article est ainsi conçu: Je crois en un seul Dieu. *Credo in unum Deum.* L'Église est si éloignée de favoriser l'idolâtrie qu'elle a toujours défendu à ses enfants « de croire dans les images » aucune divinité, aucune vertu pour laquelle on » les doive révérer, de leur demander aucune grâce, » d'y attacher leur confiance, » et qu'elle a toujours voulu « que l'honneur qui leur est rendu se rap- » porte aux saints personnages qu'elles repré- » sentent (1).

En cela, mes Frères, nous sommes bien différents des idolâtres qui invoquaient les statues de leurs dieux, comme de véritables divinités. Toute la vertu que nous attribuons à nos saintes images, c'est d'exciter en nous le souvenir des mystères ou des Saints dont elles offrent la représentation à nos regards, et, par ce précieux souvenir, de faire naître dans nos cœurs des sentiments de confiance et d'humilité, de douleur et de componction, d'amour

(1) Concile de Trente. Session XXV.

et de reconnaissance. Ces pieux sentiments se produiront au dehors par des larmes, par de ferventes invocations, par des marques de respect et de vénération. Qu'y a-t-il là de répréhensible? En quoi l'honneur dû à Dieu en souffrira-t-il?

Qu'un fils contemple le portrait d'un père, d'une mère, qu'il aimait tendrement et que la mort lui a ravis; que la vue de cette image chérie lui rappelle les marques d'amour, les bienfaits, les soins empressés et affectueux qu'ils n'ont cessé de lui prodiguer; qu'il la baise avec respect, cette image qui réveille en lui de si doux souvenirs, qu'il la presse contre son cœur, qu'il l'arrose de ses larmes, qu'il prie ceux qui l'ont tant aimé sur la terre de veiller sur lui du haut des cieux, personne, sans doute, n'osera l'accuser d'idolâtrie.

Pourquoi donc serai-je idolâtre, si, à la vue d'un tableau représentant mon Dieu, fait petit enfant et couché sur la paille d'une étable pour l'amour de moi; ou d'une croix sur laquelle ce même Dieu est suspendu, la tête couronnée d'épines, les mains et les pieds percés avec de gros clous, pour expier mes péchés; pourquoi, dis-je, serai-je idolâtre, si, à un spectacle si attendrissant, je pleure, je me prosterne, je prie et j'adore? Je n'adore pas les couleurs appliquées sur la toile, je n'adore ni le bois, ni la pierre; j'adore le Dieu de bonté qui a daigné naître et mourir pour mon salut.

De même pour l'image de la Très-Sainte Vierge;

je la vénère et l'honore, parce que je ne puis la
voir sans penser à celle qui a été la mère de Jésus
et que Jésus m'a donnée pour mère. De même
encore pour les images des Apôtres, des Martyrs
et de tous les autres Saints ; je les honore aussi,
parce que je ne puis contempler ces vénérables
effigies sans me rappeler en même temps les
exemples de patience, d'humilité, de zèle et de
charité qu'ont donnés au monde ces grands servi-
teurs de Dieu. Ce n'est pas, encore une fois, à la
matière que je rends mes hommages, ce n'est pas
au tableau, ni à la statue, que j'adresse ma prière,
c'est à celui dont ce tableau ou cette statue est la
représentation.

Quand donc, mes frères, vous viendrez dans ce
saint temple adorer le Dieu du ciel et de la terre
qui y a établi sa demeure, vous pourrez, sans crainte
d'être idolâtres, honorer les images de sa Très-
Sainte Mère et de Celui qui lui servit de père.

« O Jésus ! ô Marie ! ô Joseph ! s'écrie le pieux
» Gerson, vous formez sur la terre une glorieuse
» trinité, en qui l'auguste Trinité du ciel met toutes
» ses complaisances ! Peut-on imaginer ici-bas
» quelque chose d'aussi grand, d'aussi bon, d'aussi
» excellent ? » (1)

Eh bien, mes frères, vous en avez ici l'image,
de cette trinité terrestre, et, je puis le dire, une
image bien belle.

(1) *Serm. de Nativitate.*

Le plus célèbre statuaire de la Grèce, Phidias, avait fait une statue de Jupiter Olympien. Le maître des dieux était représenté avec une telle expression, avec un tel air de dignité, qu'un (1) grand homme de l'antiquité païenne n'a pas craint de dire que la majesté de l'ouvrage égalait celle du dieu et ajoutait encore à la religion des peuples. L'artiste aussi distingué que désintéressé à qui nous devons ces statues ne leur a pas donné cet air imposant de majesté et de grandeur qui nous eût inspiré le respect, mais qui n'aurait pas excité notre confiance. Il a compris que les figures de l'Enfant-Jésus, de sa divine Mère et de son père nourricier devaient respirer la douceur, la bonté, la miséricorde; aussi a-t-il répandu sur leurs traits cette expression de mansuétude, de tendresse et d'amour qui plaît, qui attire, qui remplit le cœur de confiance et d'espérance. On peut donc dire de lui, et peut-être avec plus de vérité que du statuaire antique, qu'il a ajouté à la piété et à la religion des peuples.

Depuis qu'il a entrepris cette œuvre pour la gloire de Dieu, le Seigneur semble avoir voulu le récompenser, en le faisant asseoir parmi ces maîtres illustres qui tiennent le sceptre des Arts (2);

(1) Quintilien, L. XII. Ch. 10. *Ejus pulchritudo adjecisse aliquid etiam receptæ religioni videtur, adeo majestas operis deum æquavit.*

(2) M. Jaley a été élu membre de l'Institut, Académie des Beaux-Arts, en 1856; il nous avait promis les statues dès 1854; il travailla aux maquettes en 1855.

il lui a donné la gloire de la terre. Puisse-t-il le faire asseoir un jour au nombre de ses Saints, et lui accorder la gloire du ciel, la seule qui soit véritable et durable !

Pour vous la procurer à vous-mêmes, mes Frères, cette gloire du ciel, vous viendrez prier Jésus, Marie et Joseph, devant leurs saintes images. Vous y viendrez tous, jeunes et vieux, parents et enfants, justes et pécheurs, vous qui êtes dans la joie et vous qui êtes dans l'affliction. Vous y viendrez demander des secours dans vos tentations, des forces dans vos faiblesses, des remèdes dans vos maux, des consolations dans vos peines. La dévotion à Jésus, à Marie, à Joseph, est la plus utile et la plus salutaire, et en même temps la plus douce et la plus consolante de toutes les dévotions. Celui qui honore et invoque avec foi, avec confiance et avec amour, Jésus, Marie et Joseph, jouira de la paix en cette vie, et du bonheur éternel dans l'autre. C'est la grâce que je vous souhaite. — Ainsi soit-il.

Ensuite, M. le Curé procéda à la bénédiction, comme il est marqué dans le Rituel, et l'on chanta trois fois l'invocation : *Jesu, fili Dei vivi, miserere nobis;* une fois *Monstra te,* etc., et trois fois : *Sancte Joseph, ora pro nobis.*

Ces statues furent un don de l'artiste qui en fit les modèles et y mit la dernière main. Mais s'il ne fit pas payer son temps et son talent, il était bien juste qu'on le remboursât de ses frais et qu'on payât les pierres et les praticiens. Il n'était pas obligé de faire la guerre à ses dépens. Deux généreux habitants de Bény, M. Casimir de Tournebu et M. Bayon, prirent la dépense à leur charge.

Les statues furent placées : d'abord, la Vierge contre le mur du nord, et le Saint-Joseph contre celui du midi, à 6 pieds environ de l'arcade du chœur, et à 4 ou 5 pieds de hauteur. Ce n'est qu'après la reconstruction de la nef qu'elles ont été mises, comme elles sont actuellement, au-dessus des petits autels.

Dans l'été de 1865, la petite porte du cimetière a été refaite avec ses piliers.

CHAPITRE VIII

Le mardi 29 août 1865, en la fête de la Décollation de saint Jean-Baptiste, a eu lieu la bénédiction de trois nouvelles cloches. La grosse cloche, dont la bénédiction avait été faite en 1836, s'étant trouvée cassée, il fut décidé qu'on la refondrait ainsi que les deux autres, pour avoir une sonnerie plus forte. On s'adressa pour cette opération à M. Paul Havard, fondeur à Villedieu. Elles furent fondues le 7 août. D'après le certificat du peseur public de cette ville, la première pèse 580 kilos, la seconde 433 kilos et la plus petite 603 kilos. Elles ont coûté 4,665 fr. 50 c., corde à la main. Les vieilles cloches servirent à payer une partie de la dépense. Le fondeur reprit les deux plus grosses pour 1,618 fr. 40 c. M. Casimir de Tournebu paya la plus petite 525 fr. et la donna à l'église de l'ancienne paroisse de Bretteville-sur-Bordel, réunie à celle de Tessel, où habite une partie de sa famille. De plus, on fit dans la paroisse une souscription qui produisit 1,697 fr. 50 c., et, le jour de la cérémonie, une quête qui monta à 160 fr. La Fabrique paya le surplus de la dépense, ainsi que le nouveau beffroi, qui coûta 517 fr.

Arrivées le lundi, les trois cloches furent suspendues de front à l'entrée du chœur. Les bois et les cordages furent dissimulés sous des touffes de verdure et de fleurs. Le lendemain, à 11 heures, M. le Curé dit une messe basse, pendant laquelle on chanta le *Kyrie*, le *Gloria*, le *Credo*, etc. Après la messe, M. Delauney, alors curé de Cairon, puis de Mathieu, et maintenant de Moyaux, donna le sermon, qui fut écouté avec une religieuse attention. Ensuite, M. le Curé, accompagné de MM. Queudeville, curé de Basly, et Locard, curé d'Amblie, qui remplissaient les fonctions de diacre et de sous-diacre, procéda à la bénédiction. La grosse cloche fut nommée Louise-Cornélie par M. Casimir de Tournebu, assisté de Mlle Louise-Cornélie de Montamy ; la seconde, Marie-Léocadie, par M. Joseph-Hyacinthe Duquesnel, assisté de Mme Léocadie-Marie-Clotilde de Montamy, née de Morel ; et la troisième, Marie-Joséphine, par M. Paul-Ludovic Le Carpentier, assisté de Mlle Clotilde-Joséphine Bayon. Les parrains et les marraines donnèrent pour cadeaux quatre belles chapes de drap d'or et une pièce de batiste pour faire des surplis et des aubes. La cérémonie se termina par une abondante distribution de dragées à tous les assistants.

Le mercredi 21 août 1867, M. Flavien-Abel-Antoine Hugonin, sacré le 1er mai, après avoir confirmé le matin dans l'église de Bernières, visita l'après-midi les paroisses qui avaient pris part à la Confirmation. Il vint donc à Bény. Il fut reçu à l'église avec le cérémonial accoutumé, et, après avoir adressé du sanctuaire une allocution paternelle aux fidèles qui se pressaient pour voir et entendre leur nouvel Évêque, il donna la bénédiction du Saint-Sacrement. Ensuite, M. le Curé eut l'honneur de recevoir Sa Grandeur au presbytère. Après cela, Monseigneur alla faire visite dans les principales maisons de la paroisse, où on lui fit l'accueil le plus affectueux et le plus respectueux.

Dans la soirée du 3 octobre 1867, vers 10 heures, pendant un orage épouvantable, le tonnerre tomba à quelques pas du presbytère sur une grange couverte en chaume, située en face de la mare du planitre au nord, appartenant à M. Auguste Le Neveu, et longeant le chantier de M. Edouard Quérière, où étaient un hangar et deux meules de paille. Malgré la promptitude avec laquelle les pompiers de Bény organisèrent les premiers secours, malgré le renfort qu'apportèrent ceux de Courseulles, de Fontaine et de Reviers, accourus avec leurs pompes, le hangar et la grange furent brûlés ; 54 moutons, qu'elle renfermait, furent asphyxiés ; les meules de paille furent seules préservées. Cet incendie aurait pu avoir des conséquences bien plus graves, si les toits de chaume des maisons n'avaient pas été mouillés comme ils l'étaient, car le vent qui soufflait du nord lançait sur le village des flammèches à de très-grandes distances.

Le 5 juillet 1868, un jeune prêtre de la paroisse M. Henri Aubert célébra sa première messe solennelle. Il était accompagné de M. le Curé et de M. l'abbé Jules Hugonin, chanoine, frère et secrétaire particulier de Mgr l'Evêque. Ce fut M. l'abbé Eugène Aubert, cousin du nouveau prêtre, qui prêcha.

L'année 1869 a vu commencer les travaux pour la reconstruction de la nef de l'église. Vers 1815, cette nef étant trop petite pour la population qui était alors de près de 700 âmes, on avait construit au bas de l'église, sans goût et sans art, une tribune qui avait deux mètres cinquante centimètres de profondeur. Elle était occupée par les petites filles et par les personnes qui n'avaient pas loué de places dans les bancs. Le silence et la modestie convenables dans le lieu saint n'étaient pas toujours observés par ce personnel. Le bruit que faisaient les enfants et même quelquefois les grandes personnes, en montant ou en descendant l'escalier, troublait toute l'assistance, en sorte que, depuis longtemps déjà, on désirait la suppression de cette tribune, et on avait parlé, pour la faire disparaître, d'allonger l'église. Mais ce projet n'avait pas eu de suite.

La nef qui, à l'exception de la porte, n'avait jamais eu beaucoup de caractère architectural, avait insensiblement perdu le peu qu'elle en avait dans le principe. Il est probable qu'elle avait eu autrefois une corniche avec des modillons, elle n'avait plus qu'un simple larmier. Dans le mur du nord, il y avait encore les trois fenêtres primitives, mais elles avaient été agrandies et elles n'avaient plus aucun cachet. Puis on en avait, longtemps après coup, pratiqué une quatrième à l'extrémité, vers le chœur, non à la hauteur des autres, mais à plus d'un mètre au-dessous. Dans le mur du midi, on avait, vers 1786, bouché les trois anciennes fenêtres et on les avait remplacées par cinq grandes ouvertures qui n'avaient aucun rapport avec les fenêtres du nord, ni pour les dimensions, ni pour la forme, ni pour la hauteur où elles étaient placées. Les murs qui étaient bâtis en moellons disposés en arêtes de poisson n'étaient plus solides ; les mortiers, au dire des maçons, étaient usés et s'émiettaient. Le mur du nord surplombait de 12 à 15 centimètres au moins et était lézardé. Il y avait une large crevasse près du contrefort gauche de la façade. Cette façade sans aucun ornement était grossièrement crépie.

La porte, comme nous l'avons dit, avait encore un peu de caractère architectural. Elle était garnie de deux archivoltes tout unies portées sur des colonnes. La pierre de ces colonnes était pleine de petites cavités, comme si elle eût été rongée des vers. La baie de cette porte avait un mètre 72 centimètres de large et 2 mètres 50 de haut au milieu. Pour lui donner cette hauteur, on avait fortement échancré le tympan. Au-dessus de la porte était une fenêtre cintrée, sans archivolte ni colonnettes, qui avait été agrandie sur tous les sens.

La nef n'avait point de voûte, mais un lambris de sapin, en anse de panier, qui cachait le sommet de l'ogive ornée de zigzags de l'arcade du chœur.

Des deux côtés de cette arcade, il y avait des autels en bois, tombant de vétusté, avec rétables d'ordre ionique en pierre (1). Ces autels avaient été faits au commencement du XVIIIe siècle ; car nous trouvons dans les archives, à la date du 27 novembre 1701 : « Permission donnée à M. Du« taillys Aubérée d'allouer à un peintre pour deux « tableaux pour les chapelles de la nef et trois « devants d'autel, un pour le grand autel et deux « pour les chapelles, et aussi pour rétablir la « bannière et achever les deux chapelles. » Les deux devants d'autel étaient en bois. Ils étaient semblables ; au milieu de chacun d'eux était un médaillon avec des arabesques à l'entour. Le tout

_____

(1) J'ai fait placer un de ces rétables dans le jardin du presbytère pour abriter l'ancienne statue de la Vierge devant laquelle tant de générations sont venues prier.

peint en grisaille. Dans un des médaillons, était Saint-Joseph et dans l'autre Saint-Nicolas. Ils subsistaient encore en 1869, mais ils n'avaient plus de consistance. L'église étant humide commë elle l'était, il n'est pas étonnant qu'au bout de 168 ans, tout cela s'en allât en poussière. Quant aux tableaux, il en existe encore un représentant saint Nicolas, mais il n'a aucun mérite. Je ne sais ce que représentait l'autre, ni ce qu'il est devenu. Il avait été remplacé depuis la Révolution par une toile qui n'est pas sans valeur. Elle représente saint Joseph au moment où l'ange lui apparut durant son sommeil et lui dit : « Lève-toi, prends l'enfant et sa mère, et fuis en Egypte. » Ce petit tableau, qui est l'œuvre de Jacques Nourry, élève de Greuze, né à Carpiquet, et mort à l'âge de quatre-vingt-quatre ans et demi, en 1832, à Caen, rue Saint-Sauveur, où nous l'avons connu dans notre jeunesse, a été reverni et encadré à neuf, et est maintenant placé dans le chœur du côté du nord.

La nef était donc en bien mauvais état. Le jour de Pâques, en 1867, en annonçant la réunion du Conseil de Fabrique pour le dimanche suivant, afin de recevoir les comptes du trésorier, j'ajoutai : et de délibérer sur la reconstruction de la nef de cette église. Le Conseil se réunit au jour marqué et admit en principe cette reconstruction ; mais, comme il n'y avait encore ni plan, ni devis de présenté, il ne prit alors aucune décision.

Ce ne fut que l'année suivante, dans sa séance du 19 avril, qu'il décida à l'unanimité que la nef serait reconstruite de fond en comble dans le style du chœur et prolongée de cinq mètres. Il admit le devis estimatif dressé par M. Deshayes, architecte à Caen, désigné *ad hoc* par M. Alfred de Montamy, maire de la commune. Ce devis montait à la somme de 23,500 francs, non compris le pavage et les honoraires de l'architecte. Le Conseil accepta l'offre faite par M. le Curé et M. Casimir de Tournebu, trésorier de la Fabrique, de verser chacun 2,000 fr. et vota une somme de 600 fr. à prélever chaque année pendant cinq ans, ensemble 3,000 fr., sur les revenus de la Fabrique. Il exprima aussi le désir qu'une souscription fût ouverte à laquelle seraient invités à prendre part les principaux habitants de la paroisse. Enfin, il émit le vœu que la commune votât une somme importante et que le Gouvernement et le département voulûssent bien accorder leur concours à une œuvre aussi chrétienne et aussi éminemment sociale que la reconstruction d'une église.

Le mardi 12 mai, le Conseil municipal, auquel s'étaient joints les plus imposés, vota à l'unanimité la somme de 10,000 francs à répartir en dix années.

Etaient présents et ont signé :

MM. Alfred Le Courtois de Montamy, Maire.
    Victor Moisson, Adjoint.
    Casimir de Tournebu,
    Adolphe Mouillard,
    Edouard Quérière,   } Conseillers municipaux.
    Louis Le Marchand,
    Auguste Le Neveu,
    Michel Le Marchand,
    Adolphe Nicolle,
    Félix Morin,   } Contribuables le plus imposés.
    Léonard Aubrée,
    Adolphe Le Marchand,
    François-Ernest Leherpeur-
      Dupray,

Le jour même, je m'empressai d'envoyer à Mgr l'Évêque une copie de la délibération du Conseil de Fabrique et de lui annoncer la bonne nouvelle du vote émis par le Conseil municipal, en demandant à Sa Grandeur son appui auprès du Gouvernement, et sa bénédiction pour l'entreprise.

———

Conformément au désir du Conseil de Fabrique, fut ouverte une souscription qui monta à 10,070 fr.

Voici la liste des souscripteurs avec le chiffre de leur offrande :

FRANCS.

M. et Mme A. de Montamy, et Mlle Corné-
lie de Montamy 2.000
M. Casimir de Tournebu.............. 2.000
M. F.-E. Leherpeur-Dupray, curé de Bény. 2.000
M. et Mme H. Duquesnel.............. 1.000
Mlle Joséphine Bayon................. 500
Mme Grevin (de Paris)............... 100
Mme veuve Le Carpentier............. 1.000
M. et Mme Ludovic Le Carpentier...... 1.000
M. et Mme Edouard Quérière.......... 300
M. et Mme Auguste Le Neveu.......... 150
M. Victor Moisson................... 20

Le devis primitif qui était de 23,500 fr. avait été augmenté et porté à 30,989 fr. 50 c., parce que l'on avait décidé qu'au lieu de construire en moellons, on n'emploierait que de la pierre de taille. Il manquait donc encore 8,000 fr. environ. M. le Maire s'adressa à M. le Préfet pour le prier d'obtenir cette somme du Gouvernement. M. le Curé, de son côté, écrivit le 2 février 1869, à M. Douesnel, député, en le priant d'appuyer la demande auprès de M. Baroche, alors ministre de la justice et des cultes. Cette intervention de M. Douesnel fut très-utile, car le 15 avril, M. le Préfet informait M. le Maire que, par décision du 10 du même mois, Son Excellence le ministre de la justice et des cultes avait bien voulu accorder un secours de 5,000 fr. en trois annuités (1,000, 2,000 et 2,000), pour aider la commune à payer la dépense de reconstruction de la nef de son église. Dans la même lettre il l'informait de plus que, suivant arrêté du 13 avril, il avait autorisé la commune à s'imposer extraordinairement, pendant 10 ans, à partir de 1870, seize centimes additionnels dont le produit serait affecté, avec une subvention sur les fonds du département, s'il y avait lieu, au solde de l'entreprise (1).

Le 9 mai 1869 eut lieu l'adjudication des travaux, mais elle eut un résultat négatif. Les trois entrepreneurs qui se présentèrent, déclarèrent ne pouvoir exécuter ces travaux aux prix du devis, les payements ne devant avoir lieu que dans l'espace de onze années, et sans intérêts. Mais après de longs pourparlers, MM. Alphonse et Louis Hodierne, de Thaon, finirent par accepter, le 13 juin, les conditions énoncées au cahier des charges. Il ne manquait plus que l'autorisation de M. le Préfet. Cette autorisation arriva enfin le vendredi 2 juillet.

Le jeudi suivant commença le déménagement de la nef. On plaça les deux statues de la Sainte-Vierge

---

(1) Cette subvention sur les fonds départementaux ne fut pas nécessaire. M. Ferrand, préfet du Calvados, annonça le 22 juillet 1874, à M. le Curé que, par décision du 18, M. le Ministre de l'instruction publique et des cultes avait alloué à la commune de Bény-sur-Mer un secours supplémentaire de 5,000 fr., payable en deux annuités égales, pour les travaux de son église.

et de Saint-Joseph de chaque côté de l'autel, au-dessus des crédences. Le confessionnal fut transporté sous la tour. On enleva les bancs et on en mit une partie en travers du chœur, en ne laissant qu'un petit passage par l'extrémité pour y arriver. Enfin on barricada la grande arcade avec le lambris de la nef, et au milieu de cette barricade on plaça une fenêtre pour donner de la lumière. A partir du dimanche 18, la paroisse n'eut plus pour se loger pendant les offices que le dessous de la tour, le chœur, le sanctuaire et la sacristie. Les chantres et les enfants de chœur occupaient le sanctuaire, les femmes le chœur, les hommes en partie la sacristie et en partie le dessous de la tour. Le jour de la Toussaint, on compta 75 personnes dans la sacristie qui n'était pas alors meublée, comme elle l'est aujourd'hui.

Le samedi 17 juillet arrivèrent les premiers ouvriers. C'étaient deux vieux maçons qui commencèrent à dépaver la nef. La semaine suivante, il vint d'autres ouvriers plus nombreux et plus forts. Les travaux de démolition, quoique poussés avec activité, demandèrent un certain temps.

En démolissant les contreforts du portail, il se trouva plusieurs pierres de taille formant parement qui étaient évidées à angle droit. On ne savait trop que penser de la cause de ce vide. Là-dessus, quelqu'un dit que, autrefois les chemins étant impraticables, on avait ainsi creusé les pierres, afin qu'elles fûssent plus faciles à transporter; mais ce n'était pas là la vraie raison. Ces pierres étaient tout simplement des tronçons de ces cercueils de pierre en usage au moyen âge, que l'on avait utilisés en construisant l'église; et la preuve, c'est que dans l'une de ces pierres, la place de la tête du mort était indiquée par deux arêtes en pierre que l'on avait ménagées en creusant. Un cercueil de ce genre est décrit et figuré dans l'*Abécédaire d'archéologie* de M. de Caumont, p. 315, 5e édition.

On ne commença à maçonner les fondations que le 24 août. Les anciennes n'avaient pas beaucoup plus de quatre pieds de profondeur et reposaient sur la terre rouge. On trancha cette couche de terre, qui avait dix-huit à vingt pouces d'épaisseur, et on trouva la pierre, sur laquelle on construisit; en sorte que les fondations actuelles sont à peu près profondes de six pieds. Le 4 septembre fut posée la première pierre du socle du côté du nord, et le 14 octobre celle du côté du midi.

Afin d'arrêter l'humidité et de l'empêcher de monter dans les murs, l'architecte fit étendre, sur toute la surface de la seconde assise, une forte couche de ciment de Portland, ce qui a produit un excellent effet. En-dessous du ciment, la pierre est verte, comme si on l'eût peinte; en-dessus, elle est blanche, comme si elle venait d'être taillée.

A l'intérieur, la nef a 22 mètres de long sur 8 mètres 40 centimètres de large. La longueur totale de l'église est de 33 mètres 87 centimètres.

Le mardi 26 octobre, à 10 heures et demie du matin, les deux pierres de la porte, reposant sur le socle et destinées à former plus tard la base des colonnes, ont été posées : celle du nord, par M. François-Casimir de Tournebu, trésorier de la Fabrique, et celle du midi par M. François-Ernest Leherpeur-Dupray, curé de la paroisse, en présence de M. Alphonse Hodierne, l'un des entrepreneurs, et d'Émile Renault, tailleur de pierre. Ils ont donné l'un et l'autre les trois coups de marteau traditionnels et le pourboire aux ouvriers.

Le 24 novembre, on était arrivé à la naissance du glacis des fenêtres. La veille de Noël, les travaux furent suspendus. Ils furent repris le 4 janvier et suspendus de nouveau le 13 du même mois. Le samedi 26 février, ils recommencèrent et n'éprouvèrent plus d'interruption. Le 3 mars furent posés les claveaux de la porte. Le mur du midi fut fini le 2 avril et celui du nord le 21. La pose de la charpente commença le 28 et se termina le 3 mai. La dernière pierre de la façade fut placée le 25 du même mois ; mais l'antéfixe, fait à Caen chez le sculpteur, ne fut posé que le 25 juin. Il a 88 centimètres de largeur. Les couvreurs se mirent à l'ouvrage le 17 mai ; les dernières faîtières ne furent fixées que le 30 juillet. La voûte fut commencée le 1er juin, la dernière clef fut mise en place le 23 juillet et la voûte entièrement terminée le 26 août. Elle est en pierre et en briques creuses posées à plat. Charles Bunel, de Secqueville-en-Bessin, en a été l'appareilleur.

La sculpture des chapiteaux dura du 10 août au 3 septembre ; le pavage en dalles de la nef, du 8 au 24 septembre. Commencé vers le 11 juillet, le ravalement intérieur fut achevé le 13 septembre. La chaire (1) a été posée le 1er octobre. Elle est en pierre, sans abat-voix, et du même style que l'église. Sur le devant est le Christ, tenant un livre ouvert. Sur le côté opposé à l'escalier est saint Pierre, tenant les clefs et une croix renversée. Le 4, les vitriers se sont mis à l'œuvre. Le 20 et le 21, les statues de la Sainte-Vierge et de Saint-Joseph ont été mises en place, ainsi que les dais (2) qui les couronnent. Ces dais, de même que la chaire, ont été exécutés sur les dessins de M. Deshayes. Le 22 fut érigé l'autel de la Vierge (3).

Enfin, le 25, la barricade qui séparait la nef du chœur fut enlevée et, le dimanche 30, la première grand'messe fut chantée dans l'église restaurée, à la grande joie du Curé et des paroissiens.

(1) Don de M. le Curé.
(2) Don des paroissiens.
(3) Don des paroissiens.

CHAPITRE IX

Cette joie, comme toutes celles de la terre, n'était pas exempte d'inquiétudes et de peines. Depuis le 19 juillet, la France était en guerre avec la Prusse. Nos troupes ayant été battues à Wissembourg, à Reischoffen, à Forbach, à Borny, à Gravelotte, à Saint-Privat, à Beaumont, à Bazeille, l'empereur et l'armée ayant capitulé à Sedan, l'ennemi marcha sur Paris et l'investit le 19 septembre. La France, abandonnée à elle-même, sans appui de la part des puissances étrangères, était incapable de résister à une nation qui s'était de longue main préparée à la lutte. Il n'y avait de secours à attendre que du côté du Ciel. C'est pourquoi Mgr l'Évêque de Bayeux décida que l'on ferait à la chapelle de Notre-Dame de La Délivrande une neuvaine de prières, à laquelle seraient invitées successivement, deux par deux, les paroisses d'alentour.

Cette neuvaine, commencée le samedi 24 septembre, devait finir le dimanche 2 octobre, jour où on célébrerait la fête de Notre-Dame du Rosaire. Le but de ces prières solennelles était d'apaiser Dieu, irrité par nos péchés, de rappeler la victoire sous nos drapeaux, de mettre un terme aux maux de la guerre, d'attirer sur notre malheureuse patrie, et en particulier sur nos contrées, la protection de Celle que l'Église invoque comme le refuge des pécheurs, la consolatrice des affligés et le secours des chrétiens, et d'obtenir par son intercession la conservation de la vie à nos soldats qui combatiaient avec tant de courage sur les champs de bataille, une sainte mort à ceux qui tombaient sous le fer de l'ennemi, et la délivrance des peines du Purgatoire à ceux qui avaient succombé.

Chaque jour de la neuvaine, à neuf heures, une messe basse était dite à ces intentions devant le Saint-Sacrement exposé. Après la messe, une instruction, puis des prières pour la paix et pour les morts, et enfin la bénédiction du Saint-Sacrement.

Le jour fixé pour Bény, ainsi que pour Saint-Aubin-sur-Mer, fut le mercredi 28 septembre. Le dimanche précédent, en annonçant la procession à ses paroissiens, M. le Curé les exhorta à entreprendre ce pieux pèlerinage et à y faire la sainte communion, engageant ceux qui ne seraient pas en état de la faire à joindre leurs prières à celles des autres fidèles, et leur faisant remarquer qu'ils étaient les premiers intéressés et les plus obligés à implorer la miséricorde de Dieu et à fléchir sa colère.

Cet appel fut entendu. Le jour marqué, on se réunit à l'église en très-grand nombre. Vers sept heures et demie, la procession se mit en marche avec les bannières et la croix. L'ordre le plus parfait ne cessa de régner dans tout le parcours. Les psaumes, les cantiques et surtout les litanies de la Sainte-Vierge furent chantés avec un pieux enthousiasme, tant il est vrai que l'adversité ramène à Dieu !

Comme la procession passait dans Douvres, on entendit ce petit dialogue : « Quelle est cette procession ? — C'est celle de Bény. — Ça ne se peut pas ; il y a plus de monde qu'il n'y en a dans tout Bény. »

Nous eûmes du mal à pénétrer dans la chapelle, qui déjà était pleine, et cependant la procession de Saint-Aubin, qui était deux fois nombreuse comme la nôtre, n'était pas encore arrivée. M. le Curé de Bény dit la messe, et M. Bossard, alors curé de Saint-Aubin, et maintenant doyen de Saint-Sauveur de Condé, prêcha avec beaucoup d'âme et d'onction un sermon sur la nécessité de recourir à Marie dans les circonstances présentes. Les personnes qui s'approchèrent de là sainte Table furent si nombreuses que le célébrant qui donnait la Commu-

confessionnal, en bois de chêne, de style roman (1),
ont été mis en place, les stalles le 30 juillet 1873,
et le confessionnal le 2 février 1876.

Le 26 décembre 1874, la paroisse de Bény fit une
grande perte dans la personne de M. François-Casimir de Tournebu. Qu'il nous soit permis de reproduire ici une partie de ce que nous avons fait insérer à sa louange dans la *Semaine religieuse* du
10 janvier 1875. Il nous a été si utile dans toutes
les œuvres que nous avons entreprises, que nous
éprouvons le besoin de lui donner cette nouvelle
marque de notre reconnaissance.

Entré aux Gardes du corps en 1814, à l'âge de
vingt ans, il y est resté jusqu'à la révolution de
juillet. Il avait suivi Louis XVIII à Gand, et il
accompagna Charles X jusqu'à Cherbourg où il
assista, la douleur dans le cœur, à la scène déchirante des adieux et de la remise des drapeaux.
Rentré à Bény dans sa famille, il conserva toute sa
vie ses convictions, et il a toujours agi et voté en
conséquence.

S'il a été fidèle à son roi, il ne l'a pas été moins à
son Dieu. Depuis 1830, il a passé ses jours dans la
retraite, faisant le bien sans ostentation, et offrant
l'exemple de toutes les vertus. Il était la providence
de Bény, donnant aux pauvres, prêtant à ceux qui
étaient dans le besoin, rendant toutes sortes de services, ne refusant jamais un bon conseil à ceux qui

(1) Dons de M. le Curé.

le consultaient, empêchant les procès et mettant la paix partout, autant qu'il était en lui. Chrétien pratiquant et fervent, il récitait son Chapelet, aimait à lire l'Imitation de Jésus-Christ, ne manquait jamais aux offices de la paroisse, s'approchait des Sacrements aux grandes fêtes de l'année, et, tant que ses forces le lui ont permis, il fut fidèle à observer les jeûnes et les abstinences de l'Église.....

Issu d'une famille dont un membre accompagna le duc Guillaume à la conquête de l'Angleterre, dont sept allèrent à la première Croisade avec Robert-Courte-Heuse, dont un suivit saint Louis en Afrique, dont un autre occupa avec distinction le siége épiscopal de Coutances, et un autre encore se signala à la défense du Mont-Saint-Michel sous Charles VII, il porta avec dignité, mais sans fierté, un nom dont il avait droit d'être fier. D'un caractère aimable et enjoué, d'une grande égalité d'âme, d'une politesse exquise, d'un dévouement sans bornes, d'une fidélité en amitié à toute épreuve, il était digne d'avoir des amis, et il en a eu qui lui ont été fidèles jusqu'à sa dernière heure, et qui le regretteront longtemps.

Une aussi belle vie devait être couronnée d'une sainte mort. Dès le début de sa maladie, qui a duré dix-huit jours, et qui d'abord ne présentait aucun symptôme inquiétant, il voulut se confesser, disant qu'il s'était toujours confessé quand il avait été malade. Dans la nuit du 19 au 20 décembre, des vomissements alarmants étant survenus, il demanda le sacrement des mourants. « Je ne crains pas la mort, » dit-il, et il reçut ce sacrement avec foi et avec courage, répondant pieusement aux prières de l'Église. Lorsque le prêtre en vint à l'onction des mains, il sortit ses deux mains de son lit, et les présenta prestement comme une personne bien portante. Il ne put alors recevoir le Saint-Viatique; ce bonheur lui était réservé pour le jour de Noël. La communion avait été d'abord fixée au matin du 26; mais le 25 dans la soirée, le mal ayant fait de grands progrès, M. le Curé craignant, avec raison, que le malade ne passât pas la nuit, lui apporta le bon Dieu à huit heures et demie. Le vénérable mourant aurait voulu se lever par respect pour le Dieu qui venait se donner à lui avec tant de bonté; mais ne le pouvant pas, du moins il se découvrit longtemps avant l'arrivée du cortége sacré. Le prêtre, avant de lui appliquer l'indulgence plénière, l'exhortant à faire à Dieu le sacrifice de sa vie : « Il y a longtemps, répondit-il, que mon sacrifice est fait. » Deux ou trois heures après, il perdit connaissance, et à cinq heures et demie, il s'endormit dans le Seigneur, à l'âge de 80 ans 3 mois, laissant après lui le parfum d'une vie employée à faire le bien.

Aussi une foule considérable d'habitants de Bény et des paroisses voisines s'est-elle fait un devoir, malgré la neige qui couvrait la terre et la rigueur d'un froid glacial, de suivre son convoi, et d'assister avec recueillement au Saint-Sacrifice offert pour le repos de son âme.

CHAPITRE X

SOMMAIRE.— Mort subite de Jacques Leherpeur-Dupray, ancien vicaire de Bény, curé de Saint-Manvieu.— Son éloge, par M. Lalande, curé de Chéux.— Mission donnée à Bény par deux Pères missionnaires de La Délivrande.— Travaux à l'entrée du cimetière.— Découverte d'antiquités.— Pourquoi des ifs dans les anciens cimetières.— Tombes anciennes.—Ravalement extérieur de la nef.— Bancs du chœur.

Dans la nuit du 30 septembre au 1er octobre 1875, mourut Jacques Leherpeur-Dupray, ancien vicaire de Bény. Après avoir exercé le saint ministère à Bures pendant quatorze ans, il avait été nommé à la cure de Saint-Manvieu, canton de Tilly-sur-Seulles. Il ne m'appartient pas de faire l'éloge de mon frère ; mais j'espère qu'on ne me blâmera pas de transcrire ici ce que M. Lalande, curé de Cheux, son ami et son voisin pendant plus de vingt-six ans, a bien voulu dire de lui dans la *Semaine religieuse* du diocèse (10 octobre 1875) :

« En consacrant ces quelques lignes à la mémoire
» d'un digne prêtre, je commence par dire que ce
» n'est pas une biographie que je veux faire. Il
» faudrait, pour cela, blesser la modestie d'une
» honorable famille de Caen, dont il était originaire,
» et qui d'ailleurs est bien connue dans la contrée ;
» ce n'est pas mon intention.

» Esquisser quelques traits principaux de la
» vie de ce prêtre, que nous regrettons, c'est là
» mon but unique. Ils sont de nature à servir
» d'exemple ; qu'ils soient la consolation de ceux
» qui le pleurent.

» M. Leherpeur-Dupray, curé de Saint-Manvieu,
» est mort dans la nuit du jeudi 30 septembre au
» 1er octobre, dans sa 71e année. Il ne se vit de
» mort ni plus subite, ni plus inattendue.

» Lorsque le matin sa servante ne le vit pas
» descendre à son heure ordinaire, elle voulut voir
» s'il ne s'était point endormi : elle monte, frappe
» à sa porte, appelle ; n'entendant aucune réponse,
» elle crut qu'il dormait. Il dormait, en effet, mais
» c'était du sommeil de la mort. La position dans
» laquelle il a été trouvé, c'est-à-dire le calme de
» la pose, la sérénité de ses traits indiquent assez
» qu'il n'avait enduré aucune souffrance.

» L'Esprit-Saint nous dit que Dieu conduit le
» juste dans les voies de la droiture et que le vrai
» juste vit de la foi.

» Dire que ces maximes résument la vie de M. le
» curé de Saint-Manvieu, ce n'est pas exagérer la
» vérité. En effet, il a vécu à l'ombre du sanctuaire ;
» ce qui veut dire vie ignorée du monde autant que
» celle du prêtre peut l'être, connue de Dieu seul.

» C'était un pasteur dans l'acception véritable du
» mot. Il vivait, pour ainsi dire, de la conduite, de
» la vie de ses paroissiens. Il s'identifiait aux dou-

» leurs et aux joies de tous et de chacun. Son
» étude principale était de connaître leurs souf-
» frances pour y porter remède ; de savoir les né-
» cessités de la famille, pour y prêter et faire prê-
» ter secours. Comme il était doué d'une honnête
» aisance, il versait dans le sein des pauvres ce
» qui n'était pas nécessaire à l'entretien d'une exis-
» tence qui fut toujours simple et modeste.

» Combien de familles peuvent dire les soins,
» quelquefois les sacrifices qu'il fit pour la réussite
» des vocations d'élèves du sanctuaire qu'il avait
» suscitées ! Elles sont nombreuses. Tout le monde
» sait que parmi les sujets qui sont sortis de la
» paroisse de Saint-Manvieu, plusieurs tiennent
» avec honneur les premiers rangs dans la hiérar-
» chie de l'Église.

» C'est pendant les longues années de son séjour
» dans la paroisse que son église, qui était informe
» à son début, est devenue une église remarquable
» par sa restauration intelligente à l'extérieur et
» riche à l'intérieur, par ses nombreux travaux
» artistiques et son ameublement qui font l'admi-
» ration du visiteur.

» Il est vrai, la commune de Saint-Manvieu s'est
» montrée dévouée et généreuse dans cette œuvre
» importante ; elle peut en être fière à juste titre.
» Toutefois, ce ne sera pas ternir sa gloire, si nous
» disons que le bon curé en était l'âme ; sa coopé-
» ration y entrait pour une noble part.

» Il n'est pas besoin de dire l'estime et l'affection
» dont jouissait ce vénérable prêtre ; l'assistance
» qui entourait sa dépouille mortelle, le démontre
» assez : une cinquantaine de prêtres environ, venus
» de diverses contrées du diocèse, entre autres M. le
» curé de Saint-Étienne, de Caen, M. le curé de
» Saint-Pierre, également de Caen, la presque tota-
» lité du canton, présidée par son doyen, s'y trou-
» vait. La paroisse de Saint-Manvieu tout entière y
» était, offrant à Dieu ses prières et ses larmes
» pour un pasteur aimé qui venait de lui être si
» soudainement ravi.

» Qu'il nous soit permis de dire à la louange de
» ce prêtre modèle, qu'il est un de ces hommes,
» assez rares dans notre temps, qui a laissé à ses
» œuvres le soin de proclamer ce qu'il a voulu
» être, ce qu'il a été. »

Du dimanche 6 février 1876, en la solennité de la
Purification de la Très-Sainte Vierge, au 27 du
même mois, dimanche de la Quinquagésime, a eu
lieu, à Bény, une mission donnée par les RR. PP.
Sauvage et Rabot, de La Délivrande. Les exercices
de cette mission ont été très-suivis. L'église était
trop petite pour contenir l'assistance. Le zèle, les
exemples, les prières, les touchantes et pressantes
exhortations des pieux et savants missionnaires ont
opéré, avec la grâce de Dieu, beaucoup de conversions.

Dans l'été de la même année 1876, la commune,

sous la direction de M. H^{the} Duquesnel, fit faire de-
grands travaux à la principale entrée du cimetière.
Il y avait anciennement cinq ou six marches à
monter, puis il fallait parcourir un chemin étroit
pour arriver au portail. On a déblayé le terrain
considérablement, et on va maintenant à l'église
par un chemin spacieux, en pente douce. Une belle
grille en fer et de beaux piliers octogones rempla-
cent une mauvaise porte de bois et des piliers tout
détériorés par le temps.

En faisant les déblais on trouva quatre de ces
pots dont parle M. de Caumont dans son *Abécédaire d'Archéologie*. « Outre l'eau bénite, dit le
» savant antiquaire, on plaçait dans le cercueil des
» pots remplis de charbon, dans lesquels on brû-
» lait de l'encens ; ces pots étaient percés de petits
» trous sur la panse, pour que le charbon eût de
» l'air et que la combustion pût durer le temps
» nécessaire..... Leur nombre, dans les sépultures,
» varie, en général, de un à quatre ; quand il y en a
» quatre, ils sont souvent placés aux quatre angles
» du cercuoil. Cet usage existait très-certainement
» au XIIe siècle et probablement longtemps aupa-
» ravant. » Ceux qu'on a trouvés à Bény ont huit
centimètres de hauteur sur huit centimètres à la
panse. Le fond en a quatre. Ils sont garnis d'une
anse et contiennent encore du charbon mêlé à de
la terre.

Ce fut dans le même temps qu'on abattit deux ifs

qui étaient de chaque côté de la porte du cimetière et masquaient le frontispice de l'église. Ces ifs n'étaient pas vieux et n'avaient été plantés, m'a-t-on dit, que depuis la Révolution.

Pourquoi y a-t-il ordinairement un if près de l'église dans les anciens cimetières ? Les uns disent que cet arbre, ayant un feuillage de couleur sombre, convient particulièrement aux cimetières qui sont des lieux de deuil et de tristesse. D'autres prétendent que l'if est là pour absorber les miasmes qu'exhale la terre, où tant de corps sont en décomposition. D'autres pensent que l'if, étant remarquable par sa durée, est dans l'asile de la mort comme un symbole d'immortalité. D'autres enfin disent que, dans les siècles de foi, il y avait dans les cimetières des bénitiers, et que l'if était planté à proximité du bénitier afin de fournir aux fidèles des rameaux pour asperger la tombe de leurs défunts. Nous ne discuterons pas toutes ces opinions. Nous exposerons seulement la nôtre, que nous croyons la vraie.

Nous pensons que l'if est là, non à cause du cimetière, mais à cause de l'église qui est située dans le cimetière. Autrefois, l'assemblée des paroissiens pour délibérer sur les affaires de la paroisse, se tenait le dimanche, après la messe, à la porte de l'église. L'if était là pour les protéger de son feuillage touffu et persistant contre la pluie et les ardeurs du soleil. Il n'y en avait qu'un seul, parce qu'il n'y avait qu'une assemblée. Il était auprès de la porte, afin qu'en sortant de l'église, les membres de l'assemblée se trouvassent facilement réunis. Quand il y avait plusieurs portes, l'if était placé auprès de celle qui était le plus fréquentée. Ainsi, à la vieille église de Thaon, la grande porte ne s'ouvrait que rarement, que pour les processions extérieures. On entrait, tous les dimanches, par une porte latérale ; c'est auprès de cette porte que l'if est planté. A Reviers, il y a la grande porte au bas de l'église, et une petite porte latérale au nord. Elles servent habituellement tous les deux ; l'if est placé du côté du nord, de manière que les paroissiens qui sortent par l'une ou l'autre, puissent se réunir aisément sous son ombre. L'usage de tenir des réunions sous un arbre date de fort longtemps, car nous lisons dans l'*Histoire du duché de Normandie*, par J.-J.-C. Goube, publiée en 1815, t. III, p. 9, que, dès la fin du xie siècle, « les conférences, soit pour la paix, » soit pour les trèves entre les rois de France et » d'Angleterre, se tenaient ordinairement sous un » orme, à quelque distance de la ville (de Gisors). » C'est sous ce même arbre, ajoute l'historien, que » les croisés pour la Terre-Sainte se réunirent en » 1188. »

Dans le cimetière de Bény, il y a quelques tombes anciennes dans le genre de celles dont parle M. de Caumont dans son *Abécédaire d'Archéologie*, et qu'il fait remonter à la fin du xve siècle. Ces tombes offrent la forme d'une croix, et, vues en dessus, l'image du toit d'une église. Elles ne portent aucune inscription. Il y en a une sur laquelle est sculptée une pioche de tailleur de pierre, pour rappeler sans doute la profession du défunt. En 1863, on en trouva une plus moderne, qui était perdue sous le gazon, et dont, pour cette raison, les inscriptions s'étaient assez bien conservées. Nous les donnons avec leur orthographe. A une des extrémités, il y avait écrit :

IL DÉCÉDA LE 16e JOUR DE NOVEMBRE 1625

A l'autre extrémité, on voyait des os croisés et des larmes figurés en creux. Sur l'un des côtés on lisait :

CI-GIST OSMONT DUQUEL L'AME FÉCONDE
POUR S'APPROCHER DE DIEU S'EST RETIRÉ DU MONDE.
QUOIQUE TU EZ PLUS GRANDE OU MOINDRE QUALITÉ,
TU PAIERAS COMME LUI LE TRIBUT A NATURE.
QUELQUEFOIS VIENS DESSUS SA SÉPULTURE
ET PRIE DIEU EN PASSANT POUR LUI PAR CHARITÉ.

On lisait sur l'autre côté :

APRÈS AVOIR PAYÉ LE TRIBUT DE NATURE
DANS UNE ÉPIDYMIE AU MILIEU DE MES ANS,
JE RENDIS L'AME A DIEU, LAISSANT A MES ENFANTS
LE SOIN DE MON TOMBEAU ET DE MA SÉPULTURE.

Le ravalement de l'extérieur de la nef, avec les sculptures des modillons, des chapiteaux et des archivoltes, a duré plus de six mois, du 9 avril au 18 octobre 1877. A l'extérieur, comme à l'intérieur, les pierres sont layées et les joints sont larges et saillants. Le tympan, représentant le Christ accompagné des figures symboliques des quatre évangélistes, a été posé le 30 août de la même année. Il a été exécuté par Joseph Bourdon, sculpteur à Caen.

Les bancs du chœur, en bois de chêne, ont été placés du 29 avril au 16 mai 1878.

CHAPITRE XI

SOMMAIRE. — Bénédiction de l'église. — Compliment de M. le Curé à Mgr Hugonin. — Retraite prêchée par le R. P. Rabot, à l'occasion du Jubilé de 1878. — Première messe de M. l'abbé Georges Thomas. — Bénédiction d'un Chemin de la croix sculpté. — Liste des souscripteurs. — Service pour leurs parents défunts. — M. de Caumont recommande de conserver les anciens autels avec leurs rétables. — Inauguration d'un harmonium. — Nouvelle horloge.

Le dimanche 8 septembre, en la fête de la Nativité de la Très-Sainte Vierge, l'église a été bénite par Mgr Hugonin. La fête fut favorisée par un temps magnifique. Toutes les rues par où devait passer Sa Grandeur, sur une longueur de 800 mètres, étaient ornées de guirlandes, d'oriflammes, de fleurs et de verdure. Sur la place de l'église était un élégant arc-de-triomphe, élevé par les soins de M. Duquesnel, maire de la commune et conseiller d'arrondissement. Le vieux clocher lui-même était pavoisé d'oriflammes de diverses couleurs.

Vers dix heures, la procession partit du presbytère au chant du *Benedictus*, Monseigneur marchant sous un dais tout neuf, de drap d'or, richement brodé. Arrivé devant la porte de l'église, le prélat s'arrêta, et M. le Curé lui adressa l'allocution suivante :

MONSEIGNEUR,

Quand Votre Grandeur vint, il y a onze ans, visiter cette église, la joie que me causait l'honneur de recevoir le premier Pasteur du diocèse était mêlée de honte et de tristesse. J'étais confus de vous introduire dans une église si pauvre et si délabrée.

Aujourd'hui, ma joie est accompagnée d'une certaine fierté. Oui, je suis fier et heureux de vous montrer cette nef qui, à la solidité, joint la justesse et la beauté des proportions, je dirais presque la magnificence.

C'est au concours de l'Administration municipale, du Gouvernement, de la Fabrique, des principaux propriétaires et même des pauvres avec leur obole, que nous devons cet édifice. Tous ont voulu contribuer à l'élever et à l'embellir.

La foi, Monseigneur, n'est pas morte parmi nos populations ; il m'est doux d'en mettre la preuve sous vos yeux, car je sais combien, par là, je réjouirai votre cœur d'Évêque.

Quand je songe que nous avons dépensé près de cinquante mille francs, je suis tout étonné d'avoir pu trouver une pareille somme. Mais mon étonnement cesse, lorsque je me dis : Dieu était avec nous. Oui, Monseigneur, Dieu était avec nous ; car, dès que la reconstruction de cette nef fut projetée, je m'empressai d'annoncer cette bonne nouvelle à Votre Grandeur, et je la priai en même temps de bénir notre entreprise. Votre bénédiction nous a porté bonheur. Recevez aujourd'hui nos très-humbles remerciements et nos hommages les plus respectueux.

Nous vous remercions également d'avoir bien voulu, malgré vos occupations si multipliées, nous consacrer un jour entier ; et notre reconnaissance est d'autant plus vive que nous savons combien est précieux le temps d'un Évêque, et surtout d'un Évêque qui, placé à la tête d'un vaste diocèse, ne se contente pas d'édifier les murs de la cité sainte par sa parole, par ses exemples, par ses prières, par sa vigilance et sa sollicitude, mais combat encore avec le glaive de la science et de la dialectique les ennemis du Seigneur et de son Christ (1).

C'est sans doute pour récompenser une vie si pleine et si généreusement dépensée à son service que Dieu a donné une telle fécondité à votre épiscopat, et que, après avoir eu le rare bonheur de répandre vous-même ou de voir répandre l'huile sainte sur le front de deux de vos prêtres (2), en

(1) Monseigneur avait publié récemment une Lettre pastorale contre le matérialisme.

(2) Mgr Lecoq, évêque de Luçon, et maintenant de Nantes, sacré dans l'église St-Jean de Caen, le 1er mai 1875, par Mgr Hugonin ; et Mgr Germain, évêque de Coutances et Avranches, sacré dans la cathédrale de Bayeux, le 19 mars 1876, par S. E. Mgr le cardinal de Bonnechose, archevêque de Rouen.

moins d'un an, vous voici encore à la veille d'en consacrer un troisième (1) que nous eussions été tant honorés et si heureux de voir à vos côtés en cette belle fête.

Nous prenons part à votre joie, Monseigneur; daignez mettre le comble à la nôtre, en bénissant, non-seulement ce temple que nous avons élevé à la gloire de Dieu, mais encore ceux qui doivent y venir adorer et prier, le pasteur et le troupeau.

Sa Grandeur répondit avec cette grâce et cette bonté qui lui sont habituelles. Puis commença la cérémonie avec les prières et les aspersions marquées dans le Rituel. Une fois la bénédiction terminée, la foule des fidèles entra avec empressement dans l'enceinte sacrée qui se trouva bientôt trop petite.

La grand'messe fut célébrée par le pieux et savant Supérieur du grand Séminaire, M. l'abbé Marquet, ayant pour diacre et sous-diacre deux vénérables prêtres du voisinage, M. Le Couteur, curé de Reviers, et M. Queudeville, curé de Basly.

Après l'Évangile, Monseigneur monta en chaire. Il félicita les habitants de Bény de leur foi et de leur zèle pour la maison de Dieu. Il les exhorta à aimer leur église, à y venir souvent, à la regarder comme la maison paternelle où l'on trouve toujours un abri

____

(1) Mgr Ducellier, évêque élu de Bayonne, sacré dans la cathédrale de Bayeux, le 24 septembre 1878, par Mgr Hugonin.

et un lieu de repos, comme le foyer où on vient se réchauffer. Ensuite il s'éleva avec force contre ces hommes égoïstes, contre ces faux docteurs qui, prêchant au peuple l'incrédulité et l'impiété, font tant de mal à la société de nos jours.

Après la Messe, l'éminent Prélat, accompagné de toute la population rayonnante de joie, fut conduit en procession, au chant du *Te Deum*, au château de Mmes de Montamy, qui furent heureuses de lui offrir la plus généreuse hospitalité.

Sa Grandeur dit les Vêpres et donna la bénédiction du Saint-Sacrement. Vers les cinq heures, Monseigneur partit, après avoir exprimé sa satisfaction de la réception qui lui avait été faite, laissant les habitants de Bény enchantés de son affabilité et de sa bonté.

Du 27 novembre au 4 décembre de la même année 1878, fut prêchée, par le R. P. Rabot, une retraite pour préparer les fidèles à la grâce du Jubilé accordé par Sa Sainteté Léon XIII. Cette retraite produisit de bons fruits, mais n'eut malheureusement pas le même succès que la mission de 1876.

Le 1er octobre 1882, M. Georges Thomas, enfant de la paroisse, ordonné le samedi des Quatre-Temps de septembre, célébra sa première Messe solennelle. M. le Curé prêcha.

Nous l'avons dit précédemment, le Chemin de la Croix a été érigé pour la première fois à Bény en

1832. Les tableaux qui représentaient les diverses stations de la Voie douloureuse étaient des lithographies sans mérite, entourées de cadres noirs, et ne pouvaient plus figurer convenablement dans l'église reconstruite. Il fallait quelque chose de monumental, et comme la nef est vaste, chaque station devait avoir une certaine grandeur. Il fut donc décidé que le nouveau Chemin de la Croix serait en pierre avec encadrements de style roman, et que chaque tableau, y compris le cadre, aurait un mètre dix centimètres de large sur quatre-vingt-dix centimètres de haut, proportions que l'architecte (1) avait lui-même indiquées depuis longtemps.

M. Bourdon, qui avait si bien réussi le tympan du portail, fut naturellement choisi pour exécuter ces bas-reliefs. Ils sont la reproduction, en plus grand et avec quelques modifications, de modèles en plâtre, achetés par lui chez M. François Dinucci, mouleur éditeur à Paris, à qui appartient l'original. M. Dinucci, que nous avons vu à Bény, nous a dit que ce Chemin de la Croix a été fait dans son atelier (2). En voici la preuve, ajouta-t-il. Dans la Xe station, le personnage qui dépouille Jésus-Christ de ses vêtements, c'est moi; et le jeune soldat, assis sur ses talons, qui joue aux dés, c'est mon neveu; et dans la Ire station, la servante qui présente à

(1) Gustave-Eloi Deshayes est décédé à Caen, rue de Bretagne-Bourg-l'Abbé, le 27 mars 1881, dans sa soixante-troisième année.

(2) L'auteur, ou l'un des principaux auteurs, s'appelle Alphonse Costé.

Pilate l'eau pour se laver les mains, c'est ma fille.

Une souscription fut ouverte pour couvrir les frais assez considérables de cette œuvre. Les principaux habitants de Bény s'empressèrent de souscrire. Les familles chrétiennes qui l'habitent, dit la *Semaine religieuse* du 19 novembre 1882, ont toujours compris que le plus sûr moyen d'appeler sur la richesse les bénédictions du Ciel, c'est de faire la part large en faveur de Celui de qui on la tient.

Voici la liste des souscripteurs :

Mlle Cornélie de Montamy.......	2 stations.
Mme Alfred de Montamy..........	1 »
M. et Mme Adrien de Tournebu...	1 »
M. et Mme Hyacinthe Duquesnel..	1 »
Mlle Joséphine Bayon...........	1 »
Mme Le Carpentier.............	1 »
M. et Mme Edouard Quérière.....	1 »
Mme L. Le Marchand...........	1 »
M. le Curé....................	2 »
TOTAL.....	11 stations.

De petites sommes données par plusieurs autres personnes et des quêtes faites à l'église complétèrent le chiffre de la dépense.

La bénédiction du Chemin de la Croix eut lieu le dimanche 5 novembre 1882, après les Vêpres. Inutile de dire que l'église était remplie d'une nom-

breuse assistance. Le R. P. Rabot, invité par M. le Curé, et délégué par Mgr l'Évêque pour faire l'érection canonique, monta d'abord en chaire afin de rappeler, dans une première allocution, l'origine et l'excellence de la dévotion du *Via Crucis*, et les nombreuses faveurs spirituelles dont l'Église a voulu l'enrichir. Il termina par ces mots que nous copions dans la *Semaine religieuse :* « Désormais
» la paroisse de Bény pourra se vanter, à juste
» titre, d'avoir un Chemin de la Croix approuvé
» tout à la fois et par l'art le plus difficile et par la
» piété la plus éclairée. Honneur au Pasteur véné-
» rable qui a voulu ajouter ce nouveau fleuron à la
» couronne de gloire de son église ! Honneur à ces
» familles chrétiennes qui cette fois, comme tou-
» jours, se sont empressées de seconder la sainte
» et noble entreprise ! Honneur à ces fidèles, qui
» en apportant de moins riches offrandes, ont fait
» cependant tout ce que leur cœur et leur piété
» pouvaient faire ! Mais aussi honneur au sculpteur
» habile dont le ciseau a su rendre, avec un si rare
» bonheur d'expression, les grandes scènes de la
» Voie douloureuse ! »

Après cette allocution, le R. Père, revêtu d'une chape violette achetée pour la circonstance, bénit, suivant le rite prescrit, le nouveau Chemin de la Croix. Alors le clergé, ayant à sa suite M. le Curé, se forma en procession, et l'on commença l'exercice du *Via Crucis*. Le R. Père Missionnaire remonta en

chaire et prit la parole à chaque station. La cérémonie se termina par le chant du *Te Deum* et la
bénédiction solennelle du Saint-Sacrement.

Le lendemain, un service, auquel avaient été invités plusieurs curés du voisinage, était célébré
pour les parents défunts de tous ceux qui avaient
contribué par leurs offrandes à l'acquisition du
Chemin de la Croix.

Souvent nous avons entendu dire aux visiteurs
de notre église : Tout ici est roman. Quel dommage
que vous n'ayez pas changé votre autel et ne l'ayez
pas remplacé par un autel roman ! — Nous savons
que cet autel Louis XV n'est pas en harmonie avec
l'église. Mais est-ce une raison pour le détruire?
Voici ce que M. de Caumont, qui s'y connaissait
aussi bien que personne, dit à ce sujet: « On vit
» paraître les rétables à colonnes et à frontons, qui
» se répandirent partout depuis la fin du xvie siècle
» et formèrent de véritables monuments d'archi-
» tecture dans les églises ogivales... Ils produi-
» sirent un effet un peu théâtral, mais imposant...
» Cette révolution dans la forme des rétables et
» des autels fit boucher les fenêtres du chevet... Il
» n'y a guère d'églises de campagne dont les fenê-
» tres orientales n'aient été condamnées, par suite
» de l'application de ces édifices au fond du sanc-
» tuaire. Quoique ces autels soient souvent peu en
» harmonie de style avec le reste de l'église, nous
» recommandons instamment de les conserver et

» de ne pas les faire démolir pour leur substituer
» des autels gothiques mal conçus, mal exécutés
» et très-laids, comme on en a fait un trop grand
» nombre depuis quelque temps. On ne prévoit
» pas d'ailleurs, quand on se laisse entraîner à ces
» changements, combien on y trouvera de décep-
» tions, combien il sera difficile de combler les
» vides. Ajoutons que la plupart des rétables du
» XVIIe et du XVIIIe siècle, soit en bois, soit en
» pierre, sont des œuvres d'art remarquables que
» l'on anéantit pour les remplacer par des œuvres
» sans valeur aucune. C'est de l'or qu'on échange
» contre de mauvais plomb. » Nous suivrons la
recommandation de M. de Caumont, et tant que
Dieu nous prêtera vie, l'autel et son rétable subsis-
teront.

Le premier dimanche de l'Avent, 29 novembre
1885, on a fait l'inauguration d'un harmonium,
don des paroissiens.

On est en train de poser la nouvelle horloge
commandée par la commune. Le cadran, contre
l'installation duquel j'ai protesté de toutes mes
forces, est placé à la façade de l'église. Il est éloigné
de près de cent pieds du mouvement de l'horloge.
M. Le Roy, horloger à Caen, qui l'a vendue, assure
que les aiguilles marcheront et indiqueront exacte-
ment l'heure. Je désire qu'il en soit ainsi, et surtout
que cette horloge ne nous marque à tous, adver-
saires ou partisans du cadran, que des heures de

paix et d'union, des heures de prospérité temporelle et spirituelle.

26 *Mars* 1886, jour anniversaire de mon arrivée à Bény en 1835.

On a étrenné le 25 avril, jour de Pâques, un lutrin (1) de style roman, en acier et fer forgé, artistement travaillé par M. Adolphe Marie, très-habile serrurier à Creully, sur les dessins que lui a fournis M. le Curé.

PRÊTRES DE BÉNY

Nous ne savons si, avant la Révolution, la paroisse de Bény a été féconde en vocations ecclésiastiques. Nous n'avons pas de renseignéments à ce sujet.

Nous ne connaissons que M. l'abbé Pierre Aubrée qui, sous-diacre à l'époque de la persécution, se réfugia à Jersey, où il fut ordonné diacre et prêtre par Mgr de Cheylus. De retour en France après la tourmente révolutionnaire, il fut successivement vicaire à Honfleur, curé d'Amfréville, de Fontaine-Henry et de Basly, où il est mort en juin 1848, à l'âge de 78 ans. C'est lui qui a donné l'école des filles, avec de la terre pour subvenir en partie au traitement de l'institutrice qui doit être une religieuse de la communauté de la Providence de Rouen.

(1) Don de M. le Curé.

Jacques Duval, prêtre en 1816, vicaire de Cambremer, puis curé de Colleville-sur-Orne, et enfin de Sannerville, où il est mort en 1854, à l'âge de 66 ans.

Bernard-Eugène Aubert, né en 1821, ordonné à Nevers en 1857, actuellement curé de Vacognes.

Félix-Henri Aubert, né en 1841, ordonné en 1868, vicaire de Saint-Philbert-des-Champs, puis de Creully, et actuellement curé du Breuil, canton de Trévières.

Georges-Octave-Bernard Thomas, né en 1857, ordonné en 1882, d'abord vicaire de Cambremer, puis de Saint-Martin-de-Sallen, et actuellement de Bernières-le-Patry.

Deux jeunes gens qui se destinaient à l'état ecclésiastique sont morts n'ayant encore que la tonsure, ce sont :

Pierre-Alexandre Quérière, mort en 1823, à l'âge de 22 ans, et inhumé à Bény, le 4 octobre, par M. Troppé, curé de Villiers-le-Sec et supérieur du petit Séminaire.

Charles-Eugène Jacquelin, mort le 3 février 1834, à l'âge de 25 ans, et inhumé le lendemain par M. Le François, curé de Langrune.

LISTE DES PERSONNES DE BÉNY QUI ONT PRIS L'HABIT RELIGIEUX

COMMUNAUTÉ DE LA VISITATION DE CAEN

Thaïs-Marie Le Courtois de Montamy, née le 2 mars 1808, a fait profession en 1835, et est morte en avril 1873. Dite en religion : Sœur Thaïs de Chantal.

CONGRÉGATION DE NOTRE-DAME A HONFLEUR

Rose-Victoire-Florence Côty, née le 5 avril 1806, morte depuis bien des années.

COMMUNAUTÉ DE LA PROVIDENCE DE LISIEUX

Rose-Doris Élie, née le 14 octobre 1814, morte il y a longtemps.

Marie-Virginie-Désirée Geffroy, née le 2 février 1816, dite en religion : Sœur Sainte-Clotilde, morte en 1885.

Marie-Dorothée Geffroy, née le 1er octobre 1822, dite en religion : Sœur Saint-Hilarion.

COMMUNAUTÉ DE LA PROVIDENCE DE ROUEN

Félicie-Alphonsine Grégoire, née le 27 novembre 1834.

TIERS-ORDRE DE NOTRE-DAME DU MONT-CARMEL

Marie-Madeleine Lemarchand, morte le 13 février 1847, à l'âge de 56 ans.

Justine Aubrée (Sœur Sainte-Thérèse), née le 3 mars 1806.

Marie-Eulalie Geffroy (Sœur Saint-Basile), née le 14 janvier 1812.

CUSTOS OU SACRISTAINS DE BÉNY

Thomas Barbulée était custos en 1674. Il était payé 15 livres. Il a été enterré dans le cimetière par le curé de Moulineaux, le 14 août 1709. Il était âgé de plus de 80 ans.

Charles Bilheust a été son successeur. Il mourut le 3 avril 1721, à l'âge de 26 ans. Il a été enterré dans l'église par M^tre François Bétourné, prêtre et chapelain fondé de Bernières, en présence de M^tre Philippe Mazier, curé de la première portion. Il était également payé 15 livres.

Pierre Bilheust, frère du précédent, lui succéda. Il mourut à l'âge de 61 ans et fut aussi inhumé dans l'église par M. Michel Le Fèvre, curé de la première portion, le 10 avril 1761, en présence de ses deux fils, Jacques, qui était charpentier, et Pierre, qui était boucher.

François Godet, qui lui a succédé, n'a été custos que jusqu'à Quasimodo de l'année 1765.

Pierre Thomas a été custos depuis 1765 jusqu'en 1788, année de sa mort, qui arriva le 15 mars. Il a été inhumé par M. Oblin, de la réquisition de M. Heurtin.

Charles Thomas, son fils, lui succéda. Il est mort le 25 décembre 1848, à l'âge de 83 ans. Il a été inhumé par nous le lendemain. C'est lui qui nous a fourni plusieurs renseignements qui figurent dans cette Notice.

Il eut pour successeur Jean-Baptiste-Arsène Ballon, son gendre, qui était de Reviers. Il est mort le 5 novembre 1859. Il s'était démis au bout de deux ans. Il a fait une fondation à l'église, pour se procurer des prières à lui et sa famille.

Jean-Baptiste-Amédée Barbulée lui succéda et mourut le 30 janvier 1860, à l'âge de 41 ans et demi.

Son frère, Victor Barbulée, le remplaça pendant deux ans, après lesquels il se retira à Reviers. Quelques années plus tard, il mourut d'une chute qu'il fit en travaillant, comme tailleur de pierres, à la chapelle de La Délivrande.

Maurice-Achille Le Marchand, né à Bény le 22 octobre 1840, lui a succédé.

LISTE DES MAIRES DE BÉNY-SUR-MER

18 *Décembre* 1791. — Claude-François Fallet de Bernières, ancien major du génie, mort le 2 pluviôse an II de la République.

10 *Prairial* an II. — Alexandre-Victor Auberée-Dutaillis.

2 *Vendém*ᵉ an III. — Pierre-Alexandre Auberée-Dutaillis, agent municipal (1).

(1) L'agent municipal était un officier nommé, pendant la Révolution, par les communes d'une population au-dessous de 5,000 habitants, pour exercer les fonctions municipales. La réunion des agents municipaux de chaque commune formait la municipalité du canton, à la tête de laquelle était un président nommé, dans tout le canton, par l'assemblée primaire. *(Constitution de 1789.)*

1er *Floréal* an IV. — Jean Lucas, agent municipal.

13 *Germinal* an V. — Marie-Augustin de Mallon,
agent municipal.

7 *Brumaire* an VI — Jean Lucas, agent municipal.

5 *Thermidor* an VIII. —Jean-Guillaume-Pierre-Noël
Le Courtois de Montamy,
maire, mort le 28 ther-
midor an XIII.

6 *Février* 1806 (1). — Pierre-François de Tournebu.

1812. — Charles-Louis Le Courtois
de Montamy.

1830. — Pierre Quérière, mort le 12
juin 1834.

1834. — Étienne Lucas.

21 *Juin* 1840. — Charles-Louis Le Courtois
de Montamy.

15 *Août* 1841. — Victor Moisson.

1er *Octobre* 1848. — Charles-Louis Le Courtois
de Montamy, mort le 10
septembre 1858.

10 *Octobre* 1858. — Pierre - Charles - Alfred Le
Courtois de Montamy,
mort le 25 novembre
1876.

(1) Le 22 fructidor an XIII, c'est-à-dire le 9 septembre 1805, Napoléon
prescrivit qu'à dater du 11 nivôse, c'est-à-dire du 1er janvier 1806,
l'ancien calendrier serait rétabli en France.

15 *Décembre* 1876. — Joseph-Hyacinthe Duquesnel.
18 *Mai* 1884. — Adrien-François de Tournebu.
9 *Juillet* 1885. — Achille-Edmond Laillet.

LISTE DES ADJOINTS

1797. — Jacques-Alexandre Aubrée.
1800. — Charles Durand.
1808. — Charles-Louis Le Courtois de Montamy.
1812. — Pierre Quérière.
1815. — Pierre-Louis Élie.
1830. — Jean-Jacques Outin.
1834. — Étienne Lucas.
1834. — Louis Vimard.
1840. — Victor Moisson.
1843. — Louis-Victor Vimard.
1848. — Pierre Quesnel.
1852. — Victor Moisson, mort le 6 septembre 1874.
1876. — Louis-Antoine Le Marchand, mort le 27
décembre 1880.
1881. — Adrien-François de Tournebu.
1884. — Auguste-Marie-François de Tournebu.
1885. — Adolphe-Xavier Mouillard, mort le 21 mai
1886.

NOTAIRES

Bény était, il n'y a pas encore longtemps, le siége d'un notariat. M. François-Zacharie Daubert (1), né à Douvres, en 1751, en était titulaire dès l'an II de la République. Il eut pour successeur, en 1817, M. J.-B. Le Carpentier, qui vendit, en 1844, à M. Laurent-Ferdinand Pellerin. Le notariat fut transféré à Courseulles l'année suivante.

PERCEPTEURS

1807. — Bâton,
1816. — Le Coq.
      — Rocancourt.
1832. — Le Prestre.
      Rolland.
1848. — Lamer.
1850. — Ledard.

La perception est maintenant à Courseulles.

INSTITUTEURS

Le 21 décembre 1701, les paroissiens accordent

(1) M. Daubert était un de ces généreux chrétiens qui, en 1796, se proposèrent d'acheter la Chapelle de La Délivrande, dans l'intention, disaient-ils, d'y loger du foin, mais dont le but véritable était de la préserver et de la conserver. (Voyez la *Notice sur la Chapelle de La Délivrande* par un Missionnaire. 1885, p. 25.)

trente livres par an à M^{tre} Nicolas-Isaac Lair, prêtre, pour l'instruction de la jeunesse, et vingt livres pour l'année passée.

1793. — Jean Mutel, âgé de 60 ans.

Pierre-Louis Élie (école mixte).

1833. — Arsène Dumont.

1877. — Pierre-Prosper Bisson.

1881. — Olivier Richard.

1884. — Paul-Alexandre Lair.

INSTITUTRICES

1833. — Félicité Élie.

1848. — Emma Lamer.

1853. — Sœur Derenémesnil
1855. — Sœur Boitel
1877. — Sœur Bulard
1882. — Sœur Herbet

} De la Communauté de la Providence de Rouen

DIVERS EXTRAITS DES ANCIENS REGISTRES

QUI N'ONT PU TROUVER PLACE DANS CETTE NOTICE

27 *Décembre* 1688. — Nicolas Hébert, fils Jean, est élu comme capable de porter les armes au service de Sa Majesté.

12 *Mai* 1689. — Consentement à Nicolas Demieux, bourgeois de Caen, trésorier de l'église, de faire payer tous redevables au Trésor pour réparer

et hausser les murailles du cimetière de deux pieds,
et y faire faire une grande et une petite portes.

13 *Janvier* 1692. — Autorisation au collecteur
de la première échelle (il y avait trois échelles) de
recueillir sur tous taillables 5 sous tous les jours,
tant pour le logement que pour la solde du milicien
qui est absent de la paroisse.

8 *Mars* 1693. — Autorisation au collecteur de
recueillir 33 livres pour quartier d'hiver du milicien, et pour l'habillement 19 livres, au marc la
livre, sur les paroissiens.

4 *Septembre* 1695. — Élection de deux habitants pour recueillir 80 livres pour satisfaire aux
canaliers de la fosse de Colleville, pour les fagots
qu'ils prétendent leur être dus ; de laquelle somme
il sera payé 60 livres aux canaliers, et 12 livres
qui ont été consommées avec lesdits canaliers pour
parvenir à l'accommodement fait avec eux, et
8 livres pour les frais et vacations de collection.
Jean Dethan, fils Jean, a bien voulu se contenter
de 78 livres aux charges et conditions ci-dessus.

2 *Mars* 1710. — Suivant l'arrêt du Parlement
de Rouen, assemblée des curés, syndic et paroissiens de Bény pour élire quatre notables pour faire
la répartition des biens de chaque particulier, afin
de les taxer pour la subsistance des pauvres familles
dont la déclaration leur sera donnée par MM. les
Curés.

Élus :

MM. de Touchet, seigneur de Moulineaux et de
    Bény ;
    Dutaillis-Auberée ;
    Courtois du Ronseray ;
    Aumont, bourgeois de Caen.
    Choisi pour faire la récolte :
    Thomas GOUVILLE, curé de la seconde
    portion.

15 *Novembre* 1711. — 38 livres à recueillir sur
la paroisse pour la milice. 2 livres pour frais de
collection.

22 *Mai* 1712. — Concession d'un banc et droit
de sépulture dans la nef à M. Pierre Auberée-Dutaillis, pour une rente de 2 livres. Première place
du côté droit, après celle de droit du seigneur. Ban-
celle avec prie-Dieu sans fermeture, longue de
quatre pieds et demi, large de quatre et haute de
trois.

28 *Mars* 1713. — Inhumation d'une fille de
7 à 8 ans, qui, interrogée sur le nom du lieu de sa
naissance, a dit être du Lyon d'Angers, ignorant le
nom de ses père et mère, et leur ayant été enlevée
par une coureuse qui l'avait conduite jusqu'ici.

5 *Mai* 1715. — On procéda sitôt à l'adjudication
des pommes du cimetière à cause des hannetons,
afin que l'adjudicataire pût *éhennetonner* et ne
demandât aucune indemnité si la récolte était mau-

vaise. Les pommes furent adjugées pour 12 livres.

10 *Février* 1718. — Inhumation d'une fille imbécile, âgée d'environ 22 ans, dont on n'a pu savoir ni le nom, ni la paroisse, ni la province.

1722. — On a rétabli le talus du tour de l'église par le dedans. Tablage en carreaux à chaux et à sable. 20 livres.

22 *Avril* 1761. — Visite de la paroisse par Mgr de Rochechouart, évêque de Bayeux.

EXTRAITS DE CHARTES DANS LESQUELLES BÉNY EST MENTIONNÉ

Dans un manuscrit de la Bibliothèque royale, nº 8,408, fº 373, on trouve une charte de saint Louis, de l'année 1255, accordant à Radulphe de Meullent 301 livres de revenu, assignées sur des terres situées partie à Bény, partie à Lyon.

(M. DE CAUMONT, *Statistique monumentale.*)

Pierre de Luc cède, en 1268, au seigneur Raoul de Meullent, pour 14 livres tournois, diverses rentes et redevances qui lui étaient dues par la paroisse de Bény.

(M. LÉCHAUDÉ D'ANISY, Extrait des Chartes, etc., t. Iᵉʳ, p. 26. *Cartulaire* d'Ardennes.)

Robert dit Chapelain, bourgeois de Caen, échange en 1292, avec l'abbaye de Saint-Etienne, quatre pièces de terre situées à Cheux, contre trois autres pièces de terre situées à Douvres, ainsi qu'une rente de trois septiers de froment à prendre à Bény, sur Nicolas de Guernon.

(Ibidem, p. 293. Cartulaire de l'abbaye de Saint-Etienne.)

Jean de Soligny et Adelize, sa femme, donnent à l'abbaye de Fontenay un acre de terre dans la paroisse de Bény. Leur charte, sans date, est attestée par Robert de Mool, Robert de Courcelles, sénéchal, Serlon, fils de Réginald, Serlon le Roux, de Bény et autres.

(Ibidem, p. 365. Cartulaire de Fontenay.)

Jean de Beauvais, de Caen, donne en fief à Colin Lambert, en 1379, un manoir ainsi que les places qui en dépendent, situés en l'île Renault, paroisse Saint-Etienne, lequel manoir avait appartenu à Richard de Bény.

(Ibidem, p. 302.)

Jeanne, abbesse de Sainte-Trinité, et les religieuses de ce monastère donnent en fief, en 1221, à Guillaume le Sénéchal, d'Ambly, les terres situées à Bény, qui avaient été données à l'abbaye par Jehan de Saligny, ainsi que par Gascoin de Saligny, son fils, et par Marguerite, sa fille ; le tout à charge de 20 septiers de froment de rente.

(Ibidem, t. II, p. 183. Cartulaire de l'abbaye de la Trinité.)

Thomas de Saint-Germain, chanoine du Saint-Sépulcre de Caen, arbitre désigné pour régler un différend qui s'était élevé au sujet du patronage de Beaulieu, confirme, en 1306, les droits que l'abbaye de Troarn avait sur ce patronage, et annule les prétentions de Guillaume de Maulbanc, écuyer, seigneur de Bény.

(*Ibidem*, p. 257. *Cartulaire* de l'abbaye de Troarn.)

PERSONNES INHUMÉES DANS L'ÉGLISE DE BÉNY

CHŒUR

14 *Septembre* 1703. — Julien Guilbert, curé de la seconde portion, 89 ans.

24 *Avril* 1708. — Eléazar-François de Chaumontel, curé de la première portion.

29 *Mai* 1715. — Thomas Gouville, curé de la seconde portion, 43 ans.

Décembre 1727. — Philippe Mazier, curé de la première portion.

7 *Décembre* 1732. — Étienne Bétourné, curé de la seconde portion, 63 ans.

1736. — Suzanne Roussel, épouse de Jacques de Touchet, seigneur et patron de Moulineaux, et de Bény en partie, 22 ans.

24 *Avril* 1764. — Michel Le Fèvre, curé de la première portion, 58 ans.

Mars 1770. — Jean-Baptiste-Augustin Renaude, curé de la première portion, 40 ans.

9 *Avril*   1772. — Henri-Luc Lhôte, seigneur
                   du Londel, patron de Mou-
                   lineaux et de Bény, décédé
                   à Saint-Sauveur de Caen,
                   44 ans.

27 *Novembre* 1773. — Suzanne de Touchet, veuve
                   de Messire du Londel,
                   dame et patronne de Mou-
                   lineaux et de Bény, décé-
                   dée à Saint-Sauveur de
                   Caen, 38 ans.

NEF

25 *Février*   1685. — Pierre Fallet, bourgeois de
                   Caen.

31 *Juillet*   1688. — Louys Quairière.

26 *Janvier*   1690. — Jeanne Quairière, femme
                   de Denys Le Marchand.

22 *Juillet*   1694. — Jeanne Osmont, veuve de
                   Denis Guilbert, environ
                   55 ans.

28 *Décembre* 1694. — Marie Le Peintre, fme d'An-
                   toine Le Bedel, écuyer.

24 *Janvier*   1695. — Robert Le Febvre, 42 ans.

19 *Avril*   1695. — Jacques Dethan.

10 *Novembre* 1701. — Françoise de Minfans, envi-
                   ron 50 ans.

29 *Novembre* 1707. — Marin Fallet, sieur de Ber-
                   nières, bourgeois de Caen,
                   notaire à Douvres.

19 *Juin*   1708. — Jean Lavaley, 30 ans.

6 *Novembre* 1708. — Pierre Foucher, bourgeois de Caen.

12 *Février*   1710. — Marie Hébert, 47 ans.

13 *Novembre* 1711. — Marie Fallet, fille de Marin Fallet et de Marie-Madeleine Aubrée.

11 *Septembre* 1712. — Marie Buhours, 38 ans.

30 *Juillet*   1713. — Elisabeth Le Laurier.

26 *Mai*   1714. — Jeanne Le Couturier, 77 ans.

13 *Juin*   1714. — Françoise Bilheust, 70 ans.

28 *Juin*   1714. — Madeleine Foucher, bourgeoise de Caen.

2 *Juillet*   1714. — Marie-Madeleine Macé.

6 *Juillet*   1714. — Claude Le Fauconnier.

6 *Octobre*   1714. — Pierre Guillot, 6 ans.

Juin   1716. — Marie-Madelaine Massé, épouse de Pierre-François Auberée, sieur du Taillis, ci-devant capitaine de la bourgeoisie de la ville de Caen, 50 ans.

26 *Août*   1717. — Guillaume-François Le Baron, bourgeois de Caen.

5 *Août*   1718. — Jacques Lavaley, 60 ans.

4 *Avril*   1721. — Charles Bilheust, custos, 26 ans.

11 *Octobre* 1722. — Jeanne Foucher, 63 ans.

29 *Juillet*	1726. — Jean Falue, mort à Saint-Nicolas de Caen, 44 ans.
10 *Mai*	1727. — François Falue, 23 ans.
29 *Août*	1727. — Pierre-François Aubrée, 68 ans.
12 *Août*	1733. — Michel-François-Augustin de Vendes, 11 ans.
9 *Janvier*	1739. — Gabriel Aubrée, 70 ans.
10 *Avril*	1761. — Pierre Bilheust, custos, 61 ans.
12 *Décembre*	1773. — Jean-François Courtois, ancien échevin de la ville de Caen, 78 ans.
1er *Mai*	1775. — Marie Élie, femme de Jean-Baptiste Louvet, 30 ans.
30 *Décembre*	1775. — Marie-Catherine-Charlotte Aubrée, 44 ans.
8 *Février*	1776. — Marguerite Delauney, 74 ans.
25 *Septembre*	1776. — Madeleine Poisson, femme de M. Aubrée, 72 ans.
19 *Novembre*	1776. — Anne Le Sage, femme de Charles Aubrée, 64 ans.
25 *Février*	1777. — Pierre-Alexandre Aubrée, bourgeois de Caen, 81 ans.
6 *Février*	1778. — Marguerite-Françoise-Thomasse de Bernières-Fallet, 22 ans.

A partir de cette époque, nous ne voyons plus

aucune personne inhumée dans l'église de Bény, et encore cette dernière inhumation fut-elle faite probablement en violation des règlements, car il avait paru, le 10 mars 1777, une déclaration royale qui défendait qu'aucune inhumation eût lieu dans les églises, temples, chapelles publiques, et généralement dans aucun des édifices clos et fermés où les citoyens se réunissent pour la célébration du culte.

— 123 —

TABLE

—

ERRATA

Page 50, ligne 2, au lieu de on entend, *lisez :* **on entendit**.
Page 108, ligne 11, au lieu de 1840, *lisez :* **1841**.
Page 108, note, au lieu de 1789, *lisez :* **1793**.